सूर्य की किरणें

अपर ब्रह्म परम् भक्त देव ऋषि
मांगो राम

जीवन के कुछ सच्चे रहस्यों को समझने
के लिए मानव जाति को समर्पित
सर्वश्रेष्ठ उत्तम ज्ञान का भंडार

ISBN: 978-81-94415-10-7
eISBN: 978-81-94415-11-4

© प्रकाशकाधीन
प्रकाशक: प्रभाकर प्रकाशन
प्लॉट नं.-55, मेन मदर डेयरी रोड
पांडव नगर, ईस्ट दिल्ली-110092
फोन: 011-40395855
व्हाट्स ऐप: +91 8447931000
ई-मेल: Sales@pharosbooks.in
वेबसाइट: www.pharosbooks.in
संस्करण: 2021
कवर डिज़ाइन: वीरेन्द्र सिहं भंडारी
इनर डिज़ाइन: चेतन कुमार

सूर्य की किरणें

लेखन एवं संपादन: मांगो राम

विषय-सूची

ज्ञान परिचय

उजाले की जगमगाहट, सूर्य की तपिश भरी धूप, इस उजाले की चाँदी की सी चमचम करती हुई चमक में आँख से क्या छुप सकता है ? बुद्धि की छाया में मन आनंदित और शांत रहता है। मन भावनाओं का समुद्र है, इसमें अनेक साक्षात् तथा अदृश्य भावनाओं की धारा प्रवाहित होती रहती है। संसार की अनेक वस्तुओं को देखकर मन प्रभावित हो उठता है। मन जिस ओर बह जाता है, वह लिपिबद्ध होने के उपरांत साहित्य का रूप या एक अंग बन जाता है। बुद्धि प्रत्येक अवस्था में मन का साथ देती है। मन की किरणें बुद्धि द्वारा ही विकसित होती हैं। अत: मन बुद्धि की लौ में शांति एवं प्रसन्नता का अनुभव करता है। बुद्धि की दूरदृष्टि की लौ में न्यूनता होने से अशान्ति अथवा हलचल सी रहती है।

सूर्य की भाँति मस्तिष्क भी अदृश्य किरणों का ही स्रोत है। इसमें भी सूर्य की सी प्रकृति पर आधारित अनेक प्रकार की अदृश्य किरणें होती हैं, जिनमें अधिकता तथा न्यूनता आती रहती है। ये किरणें मन की आँख से देखी जाती हैं। मन की आँख बुद्धि की दूरदर्शिता होती है। परंतु सूर्य की किरणें तो हम अपनी आँख से देखते हैं। मन की किरणें देखी नहीं, भाँपी जाती हैं। मन की किरणों द्वारा बुद्धिबल से नए-नए आविष्कार किए जाते हैं, नई खोज की जाती है, उलझनों का समाधान होता है, कला का रूप निखरता है, सौंदर्य की झलक मन तथा बुद्धि के समागम से अनेक रूपों में देखी जाती है। मन कई प्रकार से गरम तथा ठंडी धाराओं में चलता-फिरता-नाचता अनुभव किया जाता है। संसार भर की समस्त वस्तुएँ मन की आकृति का रूप हैं। पहले मन ही में तस्वीर उतरती है, तदानुसार बुद्धि की चतुराई से नृत्य के रूप में, उड़ान के रूप में तथा युक्तियों के रूप में और लेख के रूप में निखर आती है।

ये सूर्य की किरणें मन की भावनाओं को अनेक गुणों से ओत-प्रोत करती रहती हैं। हमारी इन्हीं सूर्य की किरणों में जान है। यही किरणें हमारी जान हैं, संसार का प्रत्येक कार्य-भार इन्हीं किरणों पर निर्भर है। संसार के पशु-पक्षी, छोटे-बड़े जीव-जंतु इन किरणों के सहारे संसार की अनुपम छवि को देख रहे हैं। पृथ्वी का अंग-अंग इन किरणों द्वारा अपने अनेक रंगों को विकसित करता हुआ प्रदर्शित करता है। घने वनों की तह तक यही किरणें जीव-जंतुओं के मन को शांति प्रदान करती हैं। वनों के सन्नाटे में किस प्रकार मनुष्य की प्रेरणाएँ उभर आती हैं। वन के पेड़ों की घनी छाया में बैठकर दूर तक दृष्टि क्या-क्या नजारे देखती और मन में किस प्रकार का परिवर्तन लाने वाली बुद्धि की किरणें क्या-क्या मन की प्राकृतिक प्रतिक्रिया में आकृति का रूप बनती जाती हैं। वन की छवि दूर से देखने में मन और बुद्धि की लुप्त क्रिया में क्या-क्या किरणें उत्पन्न करती जाती है। वनों की पगडंडियों के किनारे-किनारे उगी हुई छोटी-छोटी घास, सूखी और कुछ हरी भी रास्ते में चलते हुए प्राणी का मन कैसे आकर्षित कर मन की चंचलता को उत्साहित करती है। प्राणी यात्रा को भूलकर सैर का आनंद प्राप्त करता है, मनुष्य का मन भी तो एक भँवरा है। यह दृश्य मनुष्य को जीवन की घटनाओं का भी दृष्टांत प्रदान करते हैं। प्रात:काल के समय ओस के मोती से आँसू भर लाने वाली घास मनुष्य को उसके जीवन के प्रति कई प्रकार के गुणों के बोध को व्यक्त करती है। बोध की भावनाएँ मनुष्य के गुणों की कला में रुचि अनुसार नया निखार लाने से कलाप्रिय बनाती तथा सत्यता का बोध करवाकर उसे नवीन पथ पर लाकर उचित उद्देश्य की ओर झुका देती है।

भाँपने योग्य योग्यता के अभाव में प्रकृति के गुणों को समझना सरल नहीं है। मन की लगन से भाव मन को आकर्षित करते हैं, परंतु हवा की तरह ही हवा में उड़ जाते हैं। मनुष्य को व्यक्त तक करने का समय नहीं मिलता। भाव झिलमिलाते से तारे होते हैं, इनमें मनुष्य चकाचौंध सा होता रहता है। मन की गति के साथ-साथ चलने में थकावट भी होती है। मन की गति चंचल और बुद्धि की अवस्था निद्रित होती है, अत: मनुष्य निद्रित अवस्था में रहता है। मन की गति से बुद्धि की गति तीव्र होने से ही अनेक भाव उत्पन्न होते हैं और बुद्धि द्वारा उनका समाधान होता रहता है, जिसके कारण मनुष्य में चंचलता के गुण आते रहते हैं। मन और बुद्धि ध्यानावस्था में लीन

रहने से कुलीनता के गुणों को उत्पन्न करते हैं। बेजान वस्तुएँ भी मनुष्य की जान बन जाती हैं। आँख और मन प्रकृति की देन को जानने के लिए होते हैं। परंतु हम साधारण समझ द्वारा किसी वस्तु की गहराई को सरलता से नहीं जान सकते, न ही मन में सोचने-समझने की इतनी शक्ति होती है। शक्ति के अभाव में छानबीन करने की योग्यता नहीं होती। पुस्तकों में छपी कहानियों को पढ़ने और कुछ सीखने योग्य समझकर याद रख लेते हैं। प्रकृति की ओर प्राय: ध्यान कम हो जाता है। सुख-दुख में एक पुकार सी मन के ऊपर से गुजरती है, हम किसी तरह सत्य आत्मा होकर प्रभु का नाम ले लेते हैं, यह भी सोचते हैं कि वह हमारे लिए सहायक होंगे, हमें पता नहीं होता कि वह सहायक होंगे या नहीं। इतने उजाले में हम तंग और अंधेरी गली से गुजर रहे हैं, हमें मालूम नहीं कि किस ओर जा रहे हैं। फिर भी हम बुद्धिमान हैं। यही हमारे मन में भरोसा है। यह कभी किसी ने सोचा तक नहीं कि हम टिड्डे-मकोड़े से हैं क्या ? क्या हमारा कर्त्तव्य है, क्या कर रहे हैं, हमारा धर्म है क्या, हमारे कर्म क्या हैं, हम क्या करेंगे, हमारे बस का है क्या, संसार क्या है और हम संसार में रहने योग्य जीवन में हैं या इस में कुछ कमी बेशी आ चुकी है या हमारे में कुछ कमी बेशी आ चुकी है जो हम नहीं समझ रहे।

हम लेखक की कला को जानते हैं, उसके हृदय की दशा; हमें महसूस होती है, परंतु हम न उसके हृदय को छू पाते हैं, न हम उसकी योग्यता को भाँप सकते हैं, लेखक की कला समझते हैं तो कलाकार को नहीं समझते, जिसकी कला के सहारे संसार आश्रित है। बहुत से लेखक आड़ में पहाड़ खड़ा करने के प्रयास में रहते हैं, कहानी एक ही होती है स्त्री और पुरुष की, उसी को बार-बार दोहराने से नई पुष्टियों से निभाने की युक्ति को मस्तिष्क की कला का या मन की चाहत के मसाले में नमक-मिर्च का प्रयोग किया जाता है या यह भी कहना उचित रहेगा कि कशीदाकारी का कार्य किया जाता है। घर-घर की कहानी अलग-अलग होती है, लेकिन प्रत्येक घर में कलाकार होते हैं, जो यथार्थ ही में उस घर के या अपने घर के ड्रामे के पात्र होते हैं। अपनी ही तस्वीर होती है। हम उस में दुनिया की तस्वीर देखते हैं। खैर, यह भी एक विद्या है कि प्रश्नोतर में कहानी कुछ रोचक बन जाती है, जो बोलचाल के बोध को प्रकट करती है। अच्छी-बुरी शिक्षा विचारों के संग्रह को लिपिबद्ध करने से समझाई

तथा सुलझाई जाती है। प्रत्येक मनुष्य के विचार सोचने-समझने में कम नहीं होते, कमी केवल व्यक्त करने में होती है। फिर भी पुस्तकों में बहुत कुछ सोचने समझने के लिए उपलब्ध होता है। पुस्तकों द्वारा लोगों में अपने आप सुधरने के गुण उत्पन्न होने लग जाते हैं। मन का अँधेरा दूर होने से भ्रष्टाचार में सदाचार का रंग दिखाई देने लगता है। मन के ऊपर आत्मबल का अंकुश आ जाने से सभी कार्य सही तथा उचित नियम की धारा की बंदिश में आ जाते हैं। साहित्य के बल से ही प्राणियों में परस्पर प्यार की भावनाएँ उमड़ती हैं। सुख-दुख में एक-दूसरे को साथी समझा जाता है।

हम प्रकृति के नियमों और सूर्य की किरणों में खो रहे थे। मनुष्य के चेहरे की आकृति की छवि भी सूर्य की किरणों से कम नहीं है। चेहरे की आकृति अच्छे-बुरे, सत्य-असत्य, भय-निर्भय, अँधेरे और उजाले की झलक को बताती है, जिससे अनेक विचार धरती और गगन की बातों को छू जाते हैं। यह भी एक प्रकार की खोज है, जो मन द्वारा होती है और मन की खोज ही मन द्वारा होती है। मन-ही-मन को जानता और मन-ही-मन की खोज करता है। मस्तिष्क भी अपने आप एक खोज है। खोज करने से कई बातों का पता चलता है। मन की लगन में बुद्धि सहायक होती है। संसार की प्रगति की तस्वीर बुद्धि की तस्वीर है। इसी में भू-नभ की बातें समाई रहती हैं। जो किसी-किसी समय में मनुष्य को अपना बोध करवाती हैं। एक ही सूर्य की किरणें संसार को ज्वलित एवं तपिश अवस्था में रखती हैं। सूर्य की किरणें न केवल धरती तक ही पहुँचती हैं बल्कि समस्त तारों की छवि को देखती हैं। एक ही सूर्य सारे ब्रह्माण्ड की स्थिति को स्थिरता में रखे रहने के अनुपम सिद्धान्त का प्रत्यक्ष उदाहरण है। हां, स्वर्गलोक तक तारों की कतारें समाप्त होने की रिक्त दशा से आगे सूर्य की किरणें भी नहीं पहुँच पातीं, जहाँ अत्यन्त पवित्र पुण्य कर्मों द्वारा मस्तिष्क की विचारधारा से या मनुष्य शरीर को त्याग करने के उपरान्त आत्मा के बल द्वारा पहुँचता है। मृत्यु उपरान्त प्रत्येक आत्मा यहाँ नहीं पहुँचती।

ब्रह्माण्ड का दृश्य बनाने वाले ने कुछ ऐसे ही नियम के आधार पर निर्माण किया है। महिमा तो उनकी गायी जाती है परन्तु महिमा की गाथा महिमा तक ही सीमित रहती है। उनकी माया में प्राणी कुछ काल तक ही सही, सुख-दुख में भी सुखी ही रहता हुआ अनुभव होता है। सूर्य, चांद, तारे मनुष्य के बनाए हुए नहीं हैं। पृथ्वी मनुष्य

की कला पर नहीं टिकी हुई है। यह सब सच्ची शक्ति जी की माया का जाल है। एक समक्ष दृश्य है। हम प्रभावित तो अवश्य होते हैं, परन्तु हमारे मस्तिष्क की सीमा से इसे भांपा नहीं जाता, प्रभावित होने की अवस्था में ही हमने आकाश में स्थित इनकी चमत्कारित स्थिति की अवस्था को प्रकट करने के कारण इन को भाव अनुसार पुकारने के लिए नाम दे दिए हैं। सूर्य की किरणें चांद में से हो कर कितनी शीतल बन कर अंधेरे को दूर करती हैं। इन किरणों से ही मनुष्य क्या कुछ नहीं सोच समझ सकता; इन्हीं किरणों में जादू भरा है, यही किरणें मन को शान्ति देती हैं, यही किरणें सोते हुए मन को प्रेरणा से भर देती हैं, यही किरणें मनुष्य के लिए पथ प्रदर्शक सिद्ध हो सकती हैं, इन किरणों में ही जड़ी-बूटियों, फूल, फल और पौधों की स्थिति को परिवर्तन करने के नियम भरे हैं यही किरणें मन पर से हो कर गुज़र जाएँ तो मनुष्य अपने मस्तिष्क की क्रिया से क्या-क्या नहीं सोचता-समझता तथा क्या कर नहीं सकता। रात के समय पैदल चलने वाले यात्रियों को कितना सुखमय आनन्द प्राप्त होता है। पर्वतों भागों में चान्दनी कितनी सुखमयी समझी जाती है वनों के किनारे-किनारे रात को चलने वाले मनुष्य ही अनुभव कर सकते हैं। इस समय जंगली जानवर, पशु तथा अन्य जीव जन्तु घने जंगल से खुले स्थान पर आ जाते हैं। कई पक्षी चान्दनी रात में पेट की खातिर उड़ते तथा आहार प्राप्ति में सफल होते हैं। कई स्थानों में पानी में आसमान की छवि दूर से कितनी सुन्दर अनुभव होती है। ऐसा लगता है आसमान के दृश्य धरती के नीचे चले गए हों। संसार की छवि मनुष्य को अपनी ओर खींचती है जिससे मनुष्य कई बातें सोचता-समझता है।

जीवन उचित नियमों की अनेक लड़ियों पर आधारित रहता है। हमें पता हो या न हो जीवन का स्तर स्वयं उचित एवं शुद्ध नियमों में ढलता जाता है। जीवन में क्षणिक नियम विरोधी अनुचित सुखदायी लहरें भी प्रवाहित होती रहती हैं, जो मन तथा बुद्धि की चाल में विघ्न डालती हैं। मनुष्य को इनका पता सुख-दुख में चलता है। परन्तु परख करते रहने से मनुष्य का विवेक कई रहस्य जनक स्थितियों तथा बातों को अनुभव करता तथा भांपता रहता है। जीवन में मनुष्य अनुभव किए गए सिद्धान्तों को सीखते रहने से निपुण होता है। मनुष्य जीवन निम्नलिखित बातों अनुसार उच्च तथा अधम स्तर को प्राप्त होता रहता है। इन बातों द्वारा ही जीवन की गति गतिशील अवस्था में रहती है। जीवन में अत्यन्त लाभदायक इन सिद्धान्तों की ओर ध्यान आकर्षित करें —

1. विद्या

बुद्धिबल को उत्तेजित, आकर्षक, सहनशील तथा तीक्ष्ण बनाने के लिए विद्या की आवश्यकता होती है। पेशा तथा कला भी विद्या ही में समझे जाते हैं। पेशा या कला को सीखने के लिए मन और बुद्धि की लगन की आवश्यकता होती है। लगन उज्ज्वल भविष्य का बोध कराती है या लगन सफलता का प्रतीक बन जाती है, अत: अपनी लगन को अपना भविष्य समझना चाहिए। लगन से बढ़ कर धन राशि भी कुछ नहीं होती। लगन ही धन राशि है। लिपिबद्ध विद्या मस्तिष्क की कला को उभारने के लिए होती है। विद्या द्वारा अच्छे बुरे गुणों की तुलना की जा सकती है तथा प्राचीन गुणों में नवीनता के रंग विद्या द्वारा ही प्रकाशित अवस्था में सजाए जाते हैं। साहित्य की विशेषता के गुण बुद्धि की उपस्थिति में समझे तथा भांपे जाते हैं। साहित्य की सत्यता को जानने के बाद साहित्य के प्रति सोचा समझा जाता है। साहित्य में लुप्त सूक्ष्म भाव के तत्त्वों को समझने से ही बुद्धि विकास की ओर बढ़ती है। प्रयास द्वारा बुद्धि में ही सूर्य सी किरणें प्रवाहित सी होती हुई समझी जा सकती हैं, जिस प्रकार साहित्य की उत्तमता तथा लेखक के मस्तिष्क की विचारधारा की लहर भांपी जाती है। बुद्धिबल को विकास की ओर ले जाने वाली विद्या ही समझी जाती है क्योंकि सर्वप्रथम विद्या ही मन तथा बुद्धि को लगन प्रदान करती है। मनुष्य में लगन विद्या प्राप्ति से पहले ही होती है, परन्तु विद्या की प्राप्ति के बाद ही लगन समझी जाती है। विद्या प्राप्ति के बाद मनुष्य में छानबीन करने के तत्त्व स्वयं उत्पन्न हो जाते हैं। विद्या द्वारा विद्या की विशालता अनेक गुणों में समझी जाती है जिसकी कोई सीमित सीमा नहीं है तथा असीम सीमा को पार करने के बाद भी कोई असीमता को नहीं पा सकता, रहस्य यह है कि मनुष्य को अपनी

ही विचारधारा की अनेक किरणें प्रति पल भांपी नहीं जा सकतीं, तीव्र बुद्धि होने के बाद भी मस्तिष्क की लहरें न्यून स्तर पर ही अनुभव होती हैं। दिव्य शक्ति प्राप्ति हो जाने के बाद भी कई ऋषि अपने ही आप में पीछे की ओर आते हुए दिखाई अनुभव होते हैं कई पीछे से आगे की ओर बढ़ते हुए अनुभव होते हैं। बुद्धिमता युक्त बनाई गई वस्तुओं के रहस्य में मस्तिष्क की झलक होती है, जो मनुष्य को तन-मन द्वारा अनेक ओर घूमा देती हैं, मनुष्य लेखकों के लेख के रहस्य के आनन्द में लीन हो जाता है। लीन होना मस्तिष्क के दर्जे को प्रकट करता है। लीन होना सरल है परन्तु लीन होने के प्रयास के जाल बुनना, बिना अनुभव और मन की गति को भांपे बिना नहीं बुने जाते। इसमें यह यथार्थता है कि यह जाल बुने जाने के बाद ही असंख्य प्राणियों को उनकी आत्मा के आचार-विचार उनके लक्षणों द्वारा उनके सामने ही समक्ष रूप में दृष्टिगोचर होते हुए अनुभव हो सकें। विद्या, बुद्धि तथा बोध ही मनुष्य के पथ प्रदर्शक होते हैं। यही गुण मनुष्य में सुगमता से नहीं आते। मस्तिष्क अन्य गुणों को ग्रहण कर जाता है।

— इति

2. विधि

कार्य के करने या होने के लिए विधि की आवश्यकता होती है जो प्राणी की बुद्धि की तीव्रता का उदाहरण होता है। जप, तप, स्मरण, पूजा-पाठ, खोज, और आविष्कार आदि सब में तथा अन्य छोटे-बड़े कार्यों में बुद्धि बल के प्रयुक्त होने की दशा में ही सफलता मिलती है। प्रयास से पहले विधि की आवश्यकता होती है। विधि बिन प्रयास नहीं होता, प्रयास बिन सफलता नहीं मिलती, दूरदर्शिता की विचारधारा ही विधि होती है, दूरदर्शिता उत्तम बुद्धि की गति को कह सकते हैं। मन की लगन और बुद्धि की लौ में उजाला ही उजाला होता है, इसी स्थिति में मन बुद्धि की प्रत्येक गति के सहारे प्रत्येक ओर को झुक जाता है और प्रत्येक ओर का रास्ता उज्ज्वल दिखाई देता हुआ अनुभव होता है। इस अवस्था में मन तथा बुद्धि स्थिर अवस्था में होने चाहिए। मन की रुचि में सफलता की झलक होती है। संसार की प्राकृतिक प्रतिक्रियाओं द्वारा अपने आप रुचि की लगन को प्रोत्साहन देने के लिए मन से प्रेरणा मिलती है। प्रेरणा मन के लिए दिलासा होती है। प्रेरणा को मन और आत्मा का बताया हुआ इशारा या रास्ता समझना चाहिए। इस गुप्त रहस्य को आत्मा का सहारा समझ कर कभी पीछे की ओर नहीं जाना चाहिए और न ही चिन्ता में रहना चाहिए। प्रेरणा मन की उड़ान होती है, इस के बताए चिह्न की ओर झुक जाना उचित रहता है। इसी को प्रत्येक कार्य में विधि समझना चाहिए।

— इति

3. बोध

बोध का तात्पर्य मस्तिष्क की उस विशेष किरण से है जो मनुष्य को किसी वस्तु के समीप ले जाकर उसके प्रति कुछ छुपी हुई अच्छी बुरी बातों या विशेषताओं की जानकारी करवाता है। बुद्धिमान व्यक्ति को ऐसा लगता है जैसे कि मन और बुद्धि में आकर कोई समझा रहा हो। यह बहुत बड़ा रहस्य है, इसके भेद के प्रति मनुष्य को पता नहीं चल सकता। यह आत्मा के शुभ फल का प्रतीक होता है जो मनुष्य को सचेत करता है। आत्मा का पूरा अंश ऋषियों को भी प्रत्येक अवस्था में अनुभव नहीं होता। अन्य प्राणी असत्यता के कारण ऐसे समय में अचेत रहते हैं। परन्तु ऋषियों को सच्ची शक्ति जी के स्वामी स्वयं प्रत्येक भाव के बोध को कह कर बता देते हैं, अत: ऋषि अपने समक्ष के व्यक्तियों को समझा कर बता देते हैं। आत्मा असत्यता के कारण दुखी रहती है। इसी अवस्था में अच्छी बुरी घटनाएँ घटती हैं। आत्मा भ्रमण में हो जाती है अत: अपनी किरणों के अंश को पूरी तरह मनुष्य की ओर नहीं छोड़ती। आत्मा शरीर द्वारा किए गए कर्त्तव्य से सत्य चलन की पात्र होती है जिसका सारा श्रेय मन और बुद्धि के प्रयास के कारण मनुष्य को मिलता है। आत्मा पवित्र होने से मन और बुद्धि को शक्ति मिलती है। मन और बुद्धि को सत्य की ओर लगाने से आत्म बल बढ़ता है। आत्म बल मनुष्य को सुखी एवं प्रसन्न रखता है। मनुष्य में जितनी सत्यता होती है उसके अनुसार ही बुद्धि और मन की शक्ति काम करती है। जितना मन और बुद्धि द्वारा खोज की तरह शुद्ध चलने और शुभ कार्य करने का प्रयास किया जाता है, आत्मा पूरे आवेश में मन और मस्तिष्क की विचारधारा में उतरना आरंभ कर देती है। इस प्रकार मनुष्य के मन में एक प्रकार का उजाले सा उजाला रहने लग जाता है। बोध को प्राय:

इस प्रकार ही समझा जाता है जैसे बुद्धि बल ही होता है। बोध की क्रिया बुद्धि बल से ही अधिकतर बढ़ती है। आत्मा सैर की आदी होती है अतः सैर के समय अनेक विचार मन में उड़-उड़ कर आते अनुभव होते हैं। इन में खो कर मनुष्य बड़े आनन्द को प्राप्त होता है।

मनुष्य में बोध के तत्त्व गुण ही उसे सतर्क बनाए रखते हैं तथा जीवन का स्तर भी बोध ही बनाए रखता है। इसी से मनुष्य और जीवों की प्रकृति समझ कर चलन, बर्ताव और सतर्कता के भाव उत्पन्न हो कर मस्तिष्क की क्रिया को उत्तेजना में, शान्ति में तथा सत्य की स्थिति में बदल देते हैं। बोध न केवल ज्ञान सम्बंधी रहस्य को ही प्रकट करता है अपितु क्रियाओं के रूपों में भी बदल कर मनुष्य जीवन के स्तर को अग्रसर रखता हुआ उन्नति पथ की ओर भी ले जाता है। बोध मनुष्य जीवन में शान्तिदायक सहारा होता है।

यह सांसारिक प्रतिक्रियाओं के अनगिनत रूपों में वस्तुओं की विशेषता का सही गुण और परिणाम होता है। प्रत्येक मनुष्य को बोध का अनुभव होता है, परन्तु प्रत्येक मनुष्य में इसकी जानकारी अधिक नहीं होती। विरला ही व्यक्ति वस्तुओं की विशेषता युक्त उन में छुपे गुणों को प्रकट कर सुलझा सकने में सफल होता है। सभी जीवों में बोध की मात्रा के गुण होते हैं। मनुष्य में जीवों की अपेक्षा यह गुण अधिक होते हैं, परन्तु बुद्धि बल से बढ़ कर भी इस की मात्रा नहीं होती।

बोध केवल सांसारिक प्राणियों को होता है। जिस समय मनुष्य तपोबल से उभर कर ऊँचा उठता है या सत्य आत्मा हो जाता है बोध की आवश्कता नहीं होती। बोध के लक्षण भलीभाँति समझ में स्वयं आने लग जाते हैं। जिस समय मनुष्य की काया दिव्य शक्ति की शक्ति से पलट जाती है उसे बोध से कोई मतलब नहीं रह जाता। प्रत्येक कार्य आसान समझा जाता है तथा उस के समाधान करने के गुण तत्त्व उसी समय उत्पन्न कर कार्य रूप में परिवर्तित हो जाते हैं। ज्ञान के बोध की किरणें मस्तिष्क को सूर्य की तरह चमका देती हैं। सोचने-विचारने की आवश्यकता नहीं होती। स्वयं ब्रह्माण्ड के स्वामी जीवन में सुदर्शन की प्राप्ति प्रदान कर मन तथा बुद्धि के पर्दों को चमका देते हैं। इससे आगे और यहीं से यह स्थिति ज्ञान में समझी जाती है।

— इति

4. संस्कृति

प्राचीन परम्पराओं के अनुसार मन में सुख-शान्ति अनुभव करने के लिए देश-प्रदेश में प्रचलित रीतियों के आधार पर अपनाए गए अनगिनत नियमों को संस्कृति के नाम से समझा और पुकारा जाता है, जो लाखों वर्ष पहले भी था, लाखों वर्ष बाद भी रहेगा, आज भी है। इन रीतियों से मन बड़ी सुखद अवस्था में रहता है। मन की शान्ति से बढ़ कर जीवन में अन्य सुख नहीं होता। धर्म, कर्म, पुण्य सब मन की स्थिरता के कारण होते हैं। मन की स्थिरता बुद्धि बल के होने से होती है यानी शुभ विचारों के होने से ही मन शान्त तथा शुद्ध रहता है। देश-विदेश में परम्परागत रीतियां प्रान्त और नगरों में गांव और मोहल्लों में परस्पर भिन्न हो जाती हैं। संस्कृति के बंधन, नियम या मनुष्य के हाव-भाव केवल मन को शान्ति प्रदान के लिए होते हैं। मन की शान्ति ही संस्कृति को उत्पन्न करती है, जिससे मनुष्य में नवीनता की झलक आती रहती है। प्राचीन काल से चली आ रही कई संस्कृतियाँ मिट भी जाती हैं तथा कई मन के भाव के कारण उदय हो आती हैं और वह प्रचलित हो जाती हैं, यह झलकी के रूप में मनुष्य को प्रेरित करती हैं। किसी संस्था के जन्म का कारण बन जाती हैं, संस्था का केवल मात्र नाम रह जाता है जो मन में धर्म के नाम से किरणों को बिखेरता रहता है। संस्कृति मन के पवित्र विचारों की कल्पना होती है। इसका उद्देश्य धार्मिकता को प्रकट करता है। जो मनुष्य के मन के समझने की पहेली है, इस से केवल मन द्वारा उद्धार होता है। मन देवता नहीं जिस द्वारा मनुष्य का उद्धार हो, और न मनुष्य की आत्मा परमात्मा होती है, मन और कल्पना का सहारा आत्मा को और आत्मा का बल मन को मिलता है। मन तथा बुद्धि की सहायता से कल्पना बन जाती है। आत्मा को पतंग की

तरह उड़ाए फिरती है। मन में कल्पना न हो तो आत्मा को सहारा नहीं मिलता, चंचल आत्मा शरीर में बंधी होती है, बिन शरीर भी आत्मा को अपना पता नहीं होता। आत्मा मन को सहारा देती है, सहारे पर नहीं रहती, मन में कल्पना न हो, तो आत्मा उड़ान में नहीं होती। इसमें भी संस्कृति सहायक होती है। संस्कृति पथ प्रदर्शकता का चिह्न होती है, जो सदैव ही सत्य की ओर ले जाती है। घर में धूप बत्ती जला कर रखना, फूल, फल आदि मूर्ति के सामने रखना या चढ़ाना तथा पानी के छींटे देना, मूर्ति के लिए नहीं, केवल मन की शुद्धता के लिए है; ऐसा करने से मन में उद्गार उत्पन्न होने लग जाते हैं, मन तथा बुद्धि में निर्मलता आती जाती है, आत्मा पवित्र होने आरंभ हो जाती है, जो धूप तथा जोत की जगह ज्योति बन जाती है तथा परमात्मा की खोज की ओर हो जाती है, इस स्थिति को भक्त दर्शन प्राप्ति उपरान्त भी नहीं समझते, क्योंकि आत्मा की उड़ान प्रभु जी की ओर हो जाती है, आत्मा में कल्पना के तत्त्व न होने से प्रभु जी से कभी प्रार्थना करने का सुअवसर प्राप्त हो कर भी नहीं होता अत: वस्तुओं की विशेषताएँ प्रकट होने से छुपी रहती हैं। इसी तरह हवन आदि करना, दान पुण्य करना, यज्ञ करना, जप करना, तीर्थ यात्रा करना, सब मन के कहे अनुसार चलने की बातें हैं। अत्यन्त पवित्र आत्मा होने से ऐसा करने की आवश्यकता नहीं होती। ऐसे आदमी की आत्मा स्वयं शरीर में परिवर्तन लाती है। कल्पनाएँ उत्पन्न होने आरंभ हो जाती हैं। अत: संस्कृति के आधार पर ही मनुष्य में गुण आने आरंभ होते हैं। सत्यता के गुण दोष को समझने से भी संस्कृति के नियमों को समझने का बोध होता है। संस्कृति से सभ्यता, सेवाभाव, और सत्यता के गुण टपक पड़ते हैं, साहित्य किसी भी भाषा का हो साहित्य ही होता तथा समझा जाता है, साहित्य में संस्कृति अनुसार बुद्धि की सीमा से बढ़ कर साहित्य सम्बंधी शुद्ध एवं उचित गुणों का स्रोत नहीं होता। बुद्धि की लगन के साथ-साथ मन की क्रिया में अनगिनत विचारों के समूह जुड़े रहते हैं, जो सौन्दर्य सम्बंधी कल्पनाओं को उत्तेजित तथा मन्द गति में करते रहते हैं। बहती हुई विचारधारा के साथ-साथ मानव को संस्कृति के लक्षणों के बोध से बहुत कुछ सीखने, सोचने तथा समझने को मिलता है। परन्तु सब कुछ संस्कृति के ऊपर ही निर्भर नहीं होता। संस्कृति मनुष्य की बुद्धि की उपज है। बुद्धि सदैव उत्तम गुणों की खोज में रहती है।

— इति

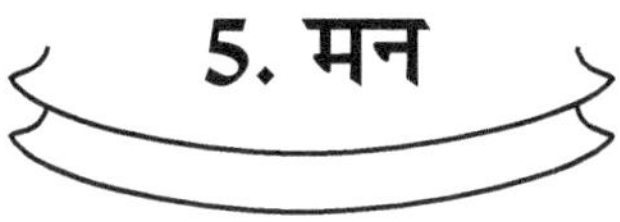 5. मन

मन शरीर का आंखों देखा अंग नहीं, फिर भी शरीर के अंगों से बढ़ कर अंग में इस की बड़ी हलचल अनुभव की जाती है। शरीर में दिल ही है जो अपने निराकार रूप में साकार का रूपान्तर है, दिल को निराकार अनुभव की शक्ति में लिया गया है। शरीर में दिल करता है, दिल कहता है, दिल में आता है, दिल को लगता है, दिल कुछ अच्छा नहीं, यह दिल की पसन्द है — यह सब क्या है, सब मन की बातें हैं, उमंगें हैं, चाहत की बातें हैं — यह शरीर की अनुभव की गई भूख की बातें हैं, मन की तृप्ति की बातें हैं। मन कीड़ों-मकोड़ों, पशु-पक्षियों तथा जीव-जन्तुओं, सबका एक सा है। मन पानी के ऊपर लहरों की तरह का बोध है। बहती हुई हवा में हवा की तरह है। मन की गति पेड़ों के पत्तों की तरह है। मन में ख्यालों तथा भावनाओं की तस्वीर उतर आती है, मन आँखों की सहायता के ऊपर निर्भर रहता है। मन बुद्धि की दूरदर्शिता के तुल्य होने की सत्यता को प्रकट करता है, मन की उड़ान उचित तथा उत्तम विचारधारा के ऊपर निर्भर होती है। संसार के छोटे-बड़े आविष्कार तथा कल्पनाएँ मन के स्थिर स्थिति की देन हैं। मन को उमंग कह कर भी पुकारा जा सकता है। मन की उमंग कोयल या पत्ते के तुल्य है। इसमें सदैव बोध की गति प्रधान रहती है। मन सारे ब्रह्माण्ड की प्रतिक्रियाओं तथा गतिविधियों के प्रतिबिम्ब को दर्शाता रहता है, इसमें कई उचित-अनुचित प्रतिबिम्ब झलकियों की तरह आते रहते हैं, जो धूप और छाया भी अनुभव होते हैं। इसमें सुख-दुख के परख की कुंजी है। यह शरीर का नाशक और रखवाला भी है। मन ही शरीर में एक ऐसी हवा है जो मनुष्य को चारों ओर बिना पर के उड़ाए फिरता है। यह बुद्धि की शक्ति से भी बाहर हो जाता है और बुद्धि की अनुमति

के अधीन भी रहता है। यह एक प्रकार की मन्शा है, समय अनुसार बोध के बल से सचेत करती है, इसमें बिन कहे भाव शरीर की गति द्वारा प्रकट होते हैं, एक दूसरे के पास सन्देश अपने आप पहुँचता रहता है। मन ही कहता है, मन ही अनुभव करता है, असर शरीर की गति में प्रविष्ट हो कर शरीर की गति को प्रकट करता है, भाव समझ में आ जाते हैं। यह शरीर में हवा का अदृश्य रूप है, जिसे उमंग तथा कर्त्तव्य से जाना जाता है। मन का सम्बंध आत्मा से रहता है, परन्तु मन और आत्मा एक नहीं है। मन आत्मा का ही बोध अनुभव होता है। परन्तु मन आत्मा नहीं है। आत्मा किसी विशेष समय में ही मन की गति में प्रविष्ट होती है। इसमें केवल इतना ही अन्तर है, मन की गति अंधेरे में समझी जाती है और आत्मा की उजाले में। मन की गति में बोध की गई वस्तु असत्य भी हो जाती है, आत्मा की गति में आई हुई वस्तु सत्य होती है। मन की सत्य गति को आत्मा की पुकार कहते हैं। परन्तु यह पुकार भी असत्य ही समझी जाती है क्योंकि आत्मा को सत्य पथ पर चलाने के लिए तपस्या जप-तप मन की लगन और आत्मबल द्वारा मन की शुद्धता तथा शारीरिक शुद्धता, चंचलता, एकान्त प्रिय होना और समय अनुसार प्रकृति के नियमों को बुद्धिबल द्वारा समझना और उचित प्रयास करने के उपाय करते रहने से आत्मा सत्य और पवित्र होती है। पवित्र आत्मा होने से मन शान्त अवस्था में निश्चिन्त हो जाता है। यह सब मन की विशेषताओं में समझा तथा गिना जाता है। मन को पेड़ और गुण को जड़ी समझा जाता है। मन के लिए सब कुछ मन द्वारा ही होता है। किसी विशेष समय में जब आत्मा दुखद अवस्था में होती है, मन तथा बुद्धि में गर्व की स्थिति शून्य हो जाती है। मन में से क्षणिक काल के लिए गर्व के तत्त्व क्षीण होने से पवित्रता बढ़ जाती है, जो सत्यता में परिवर्तित होकर पुकार को संदेश के रूप में प्रवाहित करती है। मन की लगन और चरित्र से मन ही आत्मा को पवित्र रखने में सहायक होता है। साधारण समझ द्वारा विचार किया जाए तो यही अनुभव होता है कि मन ही मन है, आत्मा नहीं, कभी यह भी मन में विचार आता है कि मेरी आत्मा बड़ी दुखी हो गई है — ऐसा लगता है, आत्मा ही आत्मा है मन क्या है — ऐसा नहीं है, पवित्र आत्मा होने के कारण मन में शुभ गुणों का विकास होता है, यह सूर्य के प्रकाश की भाँति ही किरणों का स्रोत अनुभव होता है, जिस द्वारा अनेक वस्तुओं और कल्याणकारी भावनाओं का निर्माण होता है जो जनहित के लिए

सुविधाओं का एकमात्र पथ प्रदर्शक चिह्न बन जाता है — जहाँ तक समझ काम कर पाती है उसे वहाँ तक की ही ज्ञान प्राप्ति, फल प्राप्ति की जानकारी होती है।

मन में असंख्य भाव उत्पन्न होते और मिटते रहते हैं। मन छानबीन में ही लगा रहता है, यही आयु भर का नक्शा बना रहता है। मन की गति के कारण ही शान्ति और अशान्ति का प्रकोप बना रहता है। केवल आत्मा मन को अच्छे और बुरे होने के प्रति पहले ही चेतना के चिह्न बुद्धि द्वारा प्रसारित कर देती है परन्तु मनुष्य इस गहरे रहस्य को समझ न पाने के कारण लपेट में आए बिना नहीं रहता। मन वह पवित्र वायु है जो हृदय और मस्तिष्क की गति की क्रिया के साथ-साथ रहती और कार्य करती है, इस हवा का परमात्मा के साथ भी कम ज्यादा सम्बंध रहता है, जो मनुष्य को चेतना के रूप में किसी कार्य के करने से पहले अपनी यथार्थता के प्रति बोध करवाता है, इसकी गुप्त वाणी का रहस्य मन और बुद्धि में से हो कर निकल जाता है, मनुष्य अचेत सा ही रह जाता है। मनुष्य प्राकृतिक रूप से ही अपनी गर्व अवस्था में रहता है जिसके कारण उसके मस्तिष्क की क्रिया भाव समझने में तथा भावनाओं में कम हो जाती है। मन तो सूर्य सी वह किरण है, जिसके द्वारा मृत्यु लोक में बैठा हुआ प्राणी स्वर्ग लोक तक अपनी दृष्टि से देख कर सोच समझ सकता है। मन की झलक आँखों में प्रतिबिम्ब के रूप में रहती है, आत्मा भी मन के सहारे आँखों और शरीर में रहती है, मस्तिष्क की क्रिया द्वारा आँखों से संसार की प्रतिपल की दशा को भांपती रहती है, मस्तिष्क की क्रिया कम होने से आत्मा मनुष्य को सहारा दे पाने में असमर्थ रहती है। बुद्धि की किरणें बिना प्रयास के अपनी किरणें प्रकाशित नहीं करतीं। अत: मन अंधेरे में ही रह जाता है। चित्त वृत्ति एकाग्र अवस्था में न रहने से मन में आई बात भी भूल जाती है। अकारण तथा कई कारण विधियों द्वारा ऐसा होता रहता है। अविरत स्थिति आ जाने के कारण प्राय: याद्दाश्त कमजोर होने लग जाती है। याद्दाश्त कम होने से आयु भी कम हो जाती है। परन्तु यह भी मन की गति द्वारा कम-ज्यादा होती रहती है। यह संसार सदा के लिए नहीं है। इस बात को मन से निकाल देना ही ठीक है। समझ व शुद्ध मति अनुसार ही मनुष्य के कर्म बनते हैं। जिसमें बुद्धि बल की भी आवश्यकता नहीं होती, यह केवल धारणा के ऊपर निर्भर है कि मनुष्य सदाचार द्वारा भी मोक्ष प्राप्त कर सकता है जो केवल मन की गति में सुधार लाने से हो जाता है। मैं इस रहस्य को

भी यहीं व्यक्त कर देना चाहता हूँ जिस का वृतान्त अगले और पिछले जन्म के भाग में लिखा गया है; दूसरा जन्म कोई नहीं है, क्योंकि दूसरे जन्म के लिए मन की कठोर अवस्था में से इसी जन्म में निकलना पड़ता है जो अपने आप भी सिद्ध हो जाता है और कुछ प्रयास के ऊपर निर्भर रहता है, परन्तु मनुष्य मात्र को जिस का पता नहीं चल सकता उस विचार को छोड़ देना ही उचित है। अत: शीशे की तरह भी अपने जीवन को इस ''सूर्य की किरणें'' पुस्तक में पढ़ कर भांपा जा सकता है कि कैसे मनुष्य का कल्याण हो सकता है। तदानुसार ''कलयाणी की मुद्रिका मृत्यु लोक में'' वृतान्त देखा जा सकता है। इस रहस्य को किसी ने भी व्यक्त रूप में नहीं सुलझाया है। क्योंकि ऋषियों को भी इस रहस्य का पता नहीं चल सका है।

— इति

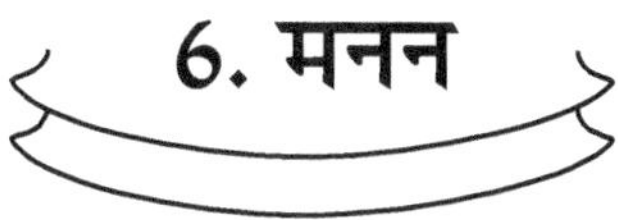

6. मनन

मन ही मन में ईश्वर के बिखरे हुए गुणों की चित्रकारी को ध्यान में रखते हुए उन्हीं में मन द्वारा लीन हो जाने की विशेष प्रतिक्रिया के बोध का विस्तार पूर्वक वर्णन समझ में आ जाने तथा पा जाने के रहस्य का नाम मनन है। प्रकृति को भांपे बिना 'ॐ ॐ' रटते रहने से मन कभी भी प्रभावित नहीं होता, बुद्धि की क्षीण अवस्था में भी मनन नहीं होता। मनन एक ही रीति पर निर्भर नहीं, अपनी-अपनी विचारधारा अनुसार मनन किया जाता है। परन्तु बुद्धि की विचारधारा अनुसार किया गया मनन, मनन कहलाता है। मन को एकाग्र अवस्था में ला कर बुद्धि की किरणों द्वारा ईश्वरीय शक्ति की ओर बढ़ने के प्रयास में स्वयं मनुष्य को चेतना का बोध होने लगता है। मन की विचारधारा से ही मन तथा बुद्धि के वेग की एक ज्योति सी ज्योति बनाते हुए अपने आप को ईश्वरीय शक्ति को और मन की लगन द्वारा बढ़ते रहना चाहिए। कई व्यक्ति हाथ में माला लिए फिरते हैं, वे माला की ओर ध्यान दें या ईश्वरीय शक्ति की ओर, यह अवस्था केवल दिखावे की अवस्था है। मन में ऐसी धारणा नहीं होनी चाहिए, माला प्रभु जी के नाम की जाप की क्रिया नहीं है, माला ईश्वरीय शक्ति जी की ओर का ध्यान नहीं है। यह साधारण समझ के प्राणियों की बुद्धि द्वारा अपनाया गया प्रयास है। इसमें सफलता नहीं मिलती, माला को साक्षी रखते हुए मनन करने के विचार से प्रयास व्यर्थ रहता है। इसे बुद्धि की लगन द्वारा समझना चाहिए। मनुष्य के विचार भावना और अनुभव के आधार पर अलग-अलग होते हैं परन्तु सत्य की खोज सत्य ढंग से सत्य रीति पर अपने आप सत्य उतर आती है। थोड़ा सा मन की गति को समझने का अन्तर होता है जो बुद्धि द्वारा ही अपने आप सुलझ जाता है। किसी भी तरह का कैसा

भी प्रयास हो, मन की लगन को यानी रुचि बढ़ाने के लिए अपने ही मन की प्रेरणा से अग्रसर रहना उचित है, जब तक मन में आकर्षण शक्ति सी शक्ति अनुभव न हो या लगन की शान्ति की किरणें न जाग उठें, मन की लगन को सत्य नहीं जानना चाहिए। मन को मार कर ही मन में शान्ति के तत्त्वों की एकाग्रता के गुण आने आरंभ होते हैं जो मनन द्वारा ही बुद्धि की किरणों से भांपे जाते हैं।

श्रद्धा मनुष्य के मार्ग का मोड़ समझी जाती है। यही मनुष्य में परिवर्तन के चमत्कार भरती है। मनन प्रतिक्षण के अविरत स्मरण की क्रिया होती है। इसमें मनुष्य का प्रयास अविरत नहीं चल सकता। अविरत मनन में मनुष्य मात्र के मन की चंचलता उसे स्थिर नहीं रहने देती। ऋषियों के मनन की क्रिया में भी अन्तर आ जाता है। यह क्रिया अविरत रूप में नहीं चल सकती। अविरत मनन में सत्यता की अविरत लगन की धारा में अन्तर आ जाता है। लगातार स्मरण में भी दुनियां के चरित्र त्यागे नहीं जाते। मन चारों दिशाओं और ब्रह्माण्ड में घूम कर पुन: उसी एक स्थान पर आ जाता है जो उसके मन की सीमा सी बन गई होती है। अत: स्मरण करने में उसी समय सफलता मिलती है जबकि छोटी-बड़ी उलझनों को त्यागने का प्रयास किया जाए, मन में उदारता के लक्षण हों, किसी लघु समस्या या घटना के ऊपर विचार तक न हो, बुद्धि प्रत्येक दशा में परिणाम के ऊपर पहुँच सके। मनन के अतिरिक्त कभी-कभी सत्य भावना से प्रभु जी को याद कर लिया जाए उचित रहता है। स्मरण करने से पुकार का दर्जा ऊँचा है। मनन की क्रिया में मन न लगे तो स्मरण करने के बहाने समय खोने में लाभ नहीं होता।

शरीर की कमजोर अवस्था में भी बहुत से लोग मनन की ओर हो जाते हैं, किसी के हाथ में माला और किसी के होंट फरकते नज़र आते हैं। उनकी नज़र चारों ओर घूमती देखती फिरती है, इस स्थिति में मन की लगन सत्य नहीं होती, ऐसा प्राय: वे लोग करते हैं जो अपनी आयु में साठ स्तर से ऊपर-ऊपर हो जाते हैं, यह संन्यास अवस्था होती है, परन्तु संन्यास अवस्था में घिरे हुए अपनी संन्यास अवस्था को समझने योग्य नहीं रहते तो प्रभु जी की ओर हो जाते हैं। इस अवस्था में अनुभव ही अनुभव होता है, दम नहीं होता, स्मरण करने के लिए दम की भी बड़ी आवश्यकता होती है, जो हठ के रूप में होती है। चिन्ता और मनन में कोई अन्तर नहीं है। अत: मनुष्य को

चिन्ता से ही समझ जाना चाहिए कि बार-बार ध्यान एक ही ओर को कैसे और क्यों हो जाता है। अत: लगन इसी प्रकार की होनी चाहिए केवल इतना अन्तर है कि वह गलत कार्य या ग्लानि के कारण होती है या मस्तिष्क की क्षीण अवस्था में होती है। मनन मन की दशा को प्रकाशमय करता है।

— इति

7. चिन्ता

मन के विचरने की प्रकृति अनुसार अचानक अड़चनों की उत्पत्ति से, आलस्य से, स्पर्धा से, ईर्ष्या से, द्वेष भावना से, रुकावट से, विरोध से, सन्देह से, घर की कलह क्लेश से, उद्विग्नता से, अकस्मात घटनाओं से प्रतिकूल वातावरण से, निर्धनता से, अरोग्य अवस्था से, नैराश्य से तथा विशेषकर बुद्धिहीनता से, निर्धनता तथा अन्य विघ्न होने से मनुष्य के मन में बेचैनी के तत्त्व समाए रहते हैं, जो मन को आ कर घेर लेते हैं। मन की विचारधारा के साथ-साथ एक ही ओर को अचेत अवस्था में हो जाना चिन्ता होती है। इन सब प्रकार की त्रुटियों को अचानक घटनाओं के अतिरिक्त धार्मिक पुस्तकों के अध्ययन से दूर कर चिन्ता के ऊपर काबू पाने में सफलता प्राप्त हो सकती है। मन को प्रत्येक वस्तु के सामने योग्य बलधारी सामर्थ्यवान, शक्तिमान तथा प्रबल समझने से आत्मबल स्वयं मन में भर जाता है। आत्मबल द्वारा ही चिन्ता को दबाया जाता है। सादगी द्वारा भी चिन्ता दबी रहती है, मन की चित्तवृति को किसी ओर कर देने से चिन्ता दब जाती है। कार्य में रुचि रखने, प्रकृति को समझने तथा मनुष्य के निजी गुणों को समझने से मन और बुद्धि द्वारा उनका पालन करने और मनुष्यपन की परख करने की बोध की क्रिया से चिन्ता नष्ट हो जाती है। ईश्वरीय सृष्टि को विचार में रखने और प्राकृतिक दृश्यों में खो जाने की आदत से तथा एकान्त प्रिय होने से तीव्र चिन्ता के तत्त्व क्षीण हो जाते हैं।

चिन्ता और मनन दोनों ही मस्तिष्क बल को वेग द्वारा निश्चित स्थिति की ओर खींचते हैं, इससे मन और बुद्धि का ध्यान एक ही बिन्दु पर एक ही विषय की उत्पत्ति पर स्थिर अवस्था में भांपा जाता है। ये इकट्ठा होकर शरीर को क्षीण सी अवस्था में

कर देते हैं। अन्तर केवल इतना है, चिन्ता से मनोबल घटता है और मनन से मनोबल बढ़ता है, दोनों में प्रयास ही होता है, चिन्ता प्रयास को आकर्षित करती है और मनन में प्रयास युक्त हो कर मन को लगाना पड़ता है। इससे सांस की क्रिया में भी अन्तर आ जाता है। चिन्ता ग्रस्त मनुष्य मनन की क्रिया की स्थिति को भी भांप सकता है और चिन्ता की स्थिति से मनन की क्रिया में आ सकता है। लगातार चिन्ता मनुष्य के मन को होश में नहीं रहने देती। कभी यही चिन्ता मनुष्य की घातक भी बन जाती है। घातक अवस्था की स्थिति को निकट समझते हुए अपने मन की विचारधारा को किसी अन्य ओर बदल लेना, लाभप्रद सिद्ध होता है। चिन्ता से दूर रहने के लिए मन पसन्द धार्मिक पुस्तकों का अध्ययन करने से मन की रुचि पवित्र तथा स्वतंत्र हो कर दूसरी ओर हो जाती है।

— इति

८. सत्यता

सत्यता पाठ नहीं, कथा नहीं, चलन और नीति के प्रतिबिम्ब का पवित्र उदाहरण है। प्राय: समस्त प्राणियों में सत्यता के गुण होते हैं। सत्यता बुद्धि और परख पर आधारित मन की क्रिया के शुद्ध लक्षणों द्वारा शनै: शनै: प्रभावित करती हुई मन को प्रसन्नता प्रदान करती रहती है। सत्य के गुण बांटने के नहीं सीखने के होते हैं। सत्यता के गुण पहचान में नहीं आते क्योंकि वे मनुष्य के शुद्ध कर्मों पर निर्भर रहते हैं। शुभ कार्य करने से सत्यता के गुण मन में झलकी के रूप में अनुभव हो जाते हैं, यानी मन किंचित मात्र तक मन की प्रफुल्लित अवस्था को भांपने लगता है तथा साथ-साथ मन की विचारधारा गर्व की स्थिति में भी बह निकलती है जिसको मनुष्य अनुभव नहीं कर सकता क्योंकि प्रसन्नता की लहर में होता है, इसीलिए सत्यता बड़ी कठिनाई से मनुष्य में उतर पाती है। सत्यता में मनुष्य प्रवीणता को प्राप्त नहीं होता। सत्यता के लक्षण प्रकृति द्वारा प्रभावित होकर आते हैं। संसार के चारों ओर तथा धरती से गगन तक की माया एक ही प्रभु जी की माया है जिसको मनुष्य देखते हैं और देख कर यही समझे हैं कि मनुष्य ही बड़ा है, भगवान कोई नहीं। यह विचार उन प्राणियों के हैं जो अपनी बुद्धिमता को कुछ समझते हैं, यथार्थ में उन की बुद्धि इस सीमा को नहीं पा सकती। सत्य तो यह है कि जो मनुष्य जन्म पा कर इस सृष्टि में पलता है, सूर्य, चांद, तारों को ज़मीन पर अनेक दृश्यों को, मनुष्यों को जीवों को तथा ज़मीन में से उत्पादन के तौर पर अनेक वस्तुओं को अनाज को फलों को फूलों को लताओं को पेड़ों को देखता है, बहती हुई हवा और पानी को देखता है, उड़ते हुए पक्षियों को, ज़मीन पर कीड़े-मकोड़ों को तथा जहरीले सांपों को और चारों ओर बिखरी हुई छवि ज़मी से

आसमां तक सत्य के प्रति क्या संदेश नहीं देती ? जो मनुष्य प्रकृति में लीन हो कर कुछ समझ सकता है वह सत्य के प्रति कुछ अनुभव करने के बाद किसी सीमा तक कुछ प्राप्त कर सकता है। विज्ञान भी ज्ञान ही की बदौलत उपजी हुई सत्यता के तत्त्व हैं, परन्तु विज्ञान से भगवान जी को, सत्य सच्ची शक्ति जी को पा जाना सरल नहीं है। यह खोज है और प्रभु जी को पाने की सत्यता जीवन की काया को पलट कर प्राप्त करने का रहस्य है, जिससे मनुष्य का शरीर पलट कर बलिदान कर अर्पण कर देने के बाद तथा नव दिव्य ज्योति प्राप्ति करने उपरान्त भी एक सा ही अन्य मनुष्यों को दीख पड़ता है, क्योंकि प्रत्येक मनुष्य को इस अवस्था का ज्ञान नहीं होता, मानसिक दशा में उतरने के बाद मानसिक ज्ञान की किरणें उदय होती हैं, जो मनुष्य के भाव होते हैं। अत: प्रकृति को समझ कर ही मनुष्य का मन प्रभावित होता है, प्रभावित होने के बाद ही सत्यता के भाव मानसिक क्रिया में संचालक हो जाते हैं, जो मनुष्य में परिवर्तन लाते हैं।

सत्यता मनुष्य की रक्षक है। इसके अभाव में मनुष्य में स्थिरता और दृढ़ता की कमी रहती है। शुभ कार्यों के परिणामस्वरूप ही मनुष्य सत्यता की ओर बढ़ता है। सत्य शुभ तथा शुद्ध बुद्धि के मनुष्य में कार्य किए जाने से मन में भावना नहीं होती कि उसने कुछ किया है। अत: भलाई के लिए ही उससे कार्य होते जाते हैं। पग-पग में सोच-विचार कर चलने में जीवन सुखदायी बनता जाता है। सत्यता के गुण आ जाने से आत्मा प्रसन्न रहने लगती है, यह सत्य चलन द्वारा प्राप्त की गई ख्याति होती है। सत्यता से लोक-परलोक दोनों सफलदायी सिद्ध होते हैं। सत्यात्मा प्राणी सर्वप्रिय हो जाता है। सेवा भाव से भी मनुष्य लोकप्रिय हो जाता है, परन्तु ऐसे मनुष्य के मन में स्वार्थ भावना और बड़प्पन का गर्व रहता है, जिसके कारण मनुष्य अपने आप को और अन्य लोगों को भी बुरी भावनाओं द्वारा दूषित करता है। ऐसे मनुष्य के कर्म उस के कुल के लिए भी घातक सिद्ध होते हैं। ऐसे मनुष्यों की आवाज़ प्राय: भारी होती है और वह अपने जीवन में दुखी ही रहते हैं। ऐसे मनुष्यों में लोक लाज नहीं होती और उनकी आत्मा अपवित्र हो जाने के कारण मोक्ष तक की प्राप्ति को भी प्राप्त नहीं करती।

सत्य आत्मा प्राणी संकट काल में भी विजयी ही रहता है। सत्य बल से विजयी हुआ मनुष्य आत्मबल द्वारा प्रभु जी के चरणों में जीवित काल में ही आ जाता है।

सत्यता प्रभु जी के चरणों में समा जाने से, आत्मबल और कुलीनता से तथा अनेक तुच्छ और कुकर्म के कार्यों को त्यागने तथा जप-तप में लीन रहने और बुद्धि द्वारा ज्ञान की प्राप्ति की ओर अग्रसर रहने से आती है। सत्यता और असत्यता में मनुष्य को अपनी परख नहीं हो सकती क्योंकि जीवन में ऐसे भी कार्य सामने आते हैं जिनको सांसारिक प्राणी सत्यता के आधार पर ही समझ लेते हैं जो सत्य में असत्यता पर रहते हैं, कुछ कार्य ऐसे होते हैं जिनके किए जाने से असत्यता के भाव टपकते हैं परन्तु वे सत्यता में समझे जाते हैं। यह वह स्थिति है जहां मनुष्य के अपने तथा अपने पारिवारिक आत्मा के शुभ कर्म आ जाते हैं, जो मनुष्य की बुद्धि के परदे में समझे जाते हैं।

सत्यता के मार्ग में सब ओर मन की भूल होती है। जो सत्यता के शुभ कर्मों की ओर बहता-बहता उकता कर किसी अन्य ओर को चल पड़ता है, मन एक विद्युत धारा के वेग सा एक वेग है जो बुद्धि के कहने पर न चले, तो हवा हो जाता है। बुद्धि की विचारधारा उचित न हो और मनुष्य दयावान हो, तो भी उसमें सत्यता के भाव आ जाते हैं। दयावान व्यक्ति ही सर्व-सत्यता के गुणों का पात्र होता है। सत्यता से ही मन की दशा तथा बुद्धि निर्मल होती है। इसी से आत्मा पवित्र और स्वतंत्र हो जाती है। और आत्मा के खेल मन की शान्ति को प्राप्त करने के प्रतीक हो जाते हैं।

— इति

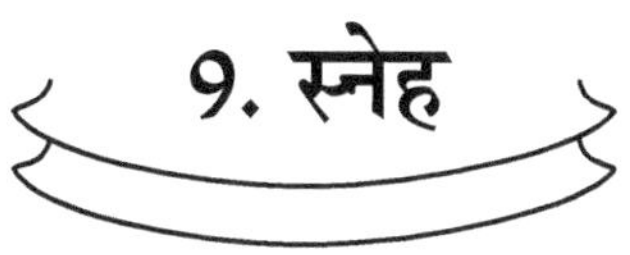

९. स्नेह

इस संसार की माया और सौन्दर्य न केवल मनुष्य को आकर्षित करते हैं बल्कि जीव-जन्तुओं को भी स्नेह के बोध द्वारा कही गई भाषा को जताते हैं। संसार में आते ही सब, प्रकाश की माया और सुख की छाया में आ गए हुए, अनुभव करते हैं। मनुष्य में स्नेह के तत्त्व, गुण उसकी विचारधारा और सहनशीलता को प्रकट करते हैं। स्नेह मन की छुपी हुई करुणा होती है जो समय-समय पर उभरती है, मन द्वारा आँखों और हृदय को प्रभावित करती है। यह मधुर और कठोर वाणी के व्यक्ति को बुद्धि अनुसार ही अपनी साया तले कम और ज्यादा प्रभावित करती है। यह पशु-पक्षियों में भी उनकी प्रकृति अनुसार होती है। स्नेह प्यार का वह उत्तम भाव है जिसकी मात्रा होने से मनुष्य न केवल मनुष्यों में ही मान प्राप्त करता है बल्कि पशु-पक्षियों में भी मन के भाव पर निर्भर सम्मान को प्राप्त करता है। इसे अपने मन के भाव द्वारा ही अनुभव किया जाता है। पशु-पक्षी भी मन की करुणा द्वारा स्नेह को आँखों और शरीर की क्रिया द्वारा जताते हैं, इस क्रिया में मनुष्य का मन भी पिघल जाता है। प्राणियों में परस्पर स्नेह उत्तम गुणों के कारण अथवा समान गुण होने से होता है। स्नेह मन की पवित्र अवस्था के प्यार का भाव है। परन्तु प्यार मन की पवित्र अवस्था के भाव को प्रकट नहीं करता, इसमें अधिकतर स्वार्थ-भावना और मन की भूख होती है। माता-पिता का बच्चों से और बच्चों का माता-पिता से स्नेह ही होता है। स्नेह की भावना, मनुष्य और जीव-जन्तुओं सब में होती है। जंगलों में झुंड के झुंड में रहने वाले पारिवारिक पशु अपनी तथा अपने परिवार के सदस्यों की जान दुश्मन पशुओं से बचाते रहते हैं। अपनी अजीविका के लिए एक स्थान से दूसरे स्थान को प्रस्थान

होते रहते हैं। रात के समय आराम करते और नींद भर सोते हैं। पक्षी भी दिन भर पेट की खातिर चारों ओर उड़ते और रात्रि के समय अपने नीड़ में विश्राम करते हैं। प्रत्येक जीव-जन्तुओं और मनुष्यों में स्नेह की भावना अपने आराम की जगह मिल जाने के बाद और पेट की आग मिट जाने के बाद उत्पन्न होती है। संसार के छोटे-बड़े जीव-जन्तु और मनुष्य भी मोह से बरी नहीं है। संसार ही मोह-माया भरा है, यह संसार का नियम है, इस में रहने वाले मोह ममता ही में हैं। मोह माया कभी भी किसी से दूर नहीं होती। यह सारी बातें किसी भी अवस्था में मनुष्य से दूर नहीं होती। क्योंकि संसार ही मन की चित्त वृत्ति पर निर्भर है। यही मोह, यही ममता और यही स्नेह है। मोह, माया, ममता, स्नेह दूर नहीं होते। अंग-अंग में धूलि रमा लेने से मन के विचार नहीं बदलते और न किसी भी समय में बदले हैं। इसी में रहते हुए यानी लीन हो गए हुए मनुष्य इसी को बुरा मानते हैं; यह केवल मन का मतभेद है। भक्तों की पुस्तकों में भी मन और बुद्धि से बढ़ कर ज्ञान नहीं है। स्वयं मालिक जी द्वारा बताया गया ही ज्ञान होता है। वेद और गीता मालिक जी द्वारा बताया गया ज्ञान है। पंजाबी में ग्रंथ साहब भी मालिक जी द्वारा बताया गया ज्ञान है। इन सब ग्रंथों में से स्नेह की झलक टपकती है, जो उस समय में भी थी और इस समय में भी है। सौ साल से पहले-पहले संसार में रह कर क्या कुछ सुलझ सकते हैं। ज्ञान की महिमा बहुत बड़ी है। परन्तु इस महत्त्वता को बहुत नीचा कर रखा है। स्नेह में मोह, माया, ममता सब आ जाते हैं। इस के प्रति ज्ञान की किरणें इनको सत्यता का रूप प्रदान करती हैं। इनसे कोई मुक्त नहीं होता। मुक्त होना केवल मनुष्य के वहम की बात है।

— इति

10. शान्ति

शान्ति मन और मस्तिष्क की पवित्र विचारधारा होने से स्वयं उत्पन्न होती है। शान्ति प्रत्येक ही मनुष्य में उसके मन की गति और बुद्धि की स्थिरता होने से होती है। मनुष्य का अपना मन स्वयं शान्ति को प्राप्त करने योग्य है, आयु के साथ-साथ शान्ति बढ़ती रहती है, जीवन की घटनाएँ अशान्त भी करती हैं, सहनशीलता होने से फिर भी शान्ति का पलड़ा भारी ही रहता है। लगातार की असहनीय परिस्थितियां विचारों में अदला-बदली लाती हैं, यह मनुष्य का मन अनुत्साहित भी करती हैं, मनुष्य अशान्त रहने लगता है। धीरे-धीर उसे इन सब पर छा जाने का उत्साह हो जाता है। अविरत समय के काल में कोई भी जीवन की घटना अपना असर चिरस्थाई रूप में नहीं रखती। समय हवा के झोंके के समान गुज़र जाता है। अत: बुद्धिमान व्यक्ति समय के परिवर्तन के साथ-साथ परिवर्तित होते रहते हैं, उनके लिए कोई अच्छा बुरा समय नहीं होता। अपने ध्यान की स्थिति को बनाए रखने के लिए छोटी बड़ी बातों को तृण के समान समझते हुए तथा बुद्धिमता द्वारा समाधान करने के उद्देश्य से अविरत प्रयास में मनुष्य के मन की शान्ति बनी रहती है। कुछ मनुष्य के अपने ही कर्म होते हैं जिनसे सुख शान्ति बनी रहती है। कुछ कर्मों के कारण मन के चलन से अपने आप दण्ड मिल जाते हैं, कुछ मनुष्य समझ कर मन की स्थिति को बनाए रखने में सफल हो जाते हैं और शान्तिमय जीवन व्यतीत करने के आदी हो जाते हैं, होते-होते उनको अविरत अभ्यास हो जाता है, जिसके कारण मन शान्ति में रहने का आदी हो जाता है, तदानुसार उनके सामने कुछ भी होता रहे, उस पर काबू पाने में सफल हो जाते हैं। शान्ति को बनाए रखना, मन बुद्धि द्वारा समय की लहर को परखने के बाद प्रयास करने की बात है।

इसमें मन की स्थिरता की जटिलता का होना अत्यन्त आवश्यक है। जिन लोगों को पाप और पुण्य के प्रति कुछ पता नहीं होता, वे लोग अन्य लोगों को भी दु:खी करते हैं। संसार में बुद्धि की उत्पत्ति के कारण बुरे कर्म होते रहते हैं, जिनके कारण भी मन की अशान्त अवस्था बुद्धि के सन्तुलन में विघ्न बन कर खड़ी हो जाती है। बुद्धिमान व्यक्ति अपनी स्थिर बुद्धि के सहारे शान्त अवस्था में ही रहते हैं।

ईश्वरीय ओर की शान्ति की देन मनुष्य को सुखी और मगन रखती है। उसे अच्छे-बुरे की चिन्ता नहीं रहती। जो भी कुछ होता है सब ईश्वरीय कृपा से होता है, ऐसा समझने वाले की श्रद्धा बनी रहती है। अत: ऐसा व्यक्ति कुकर्म करने से बचा रहता है, ईश्वरीय लौ की ओर ध्यान हो जाने से ज्ञान मार्ग की बुद्धि हो जाती है, मन तथा बुद्धि में उजाले की झलक प्रकाश के रूप में अनुभव होने लगती है जिससे मन का मल उतरता जाता है, मन का मल उतर जाने से प्राणी के मन की शान्त प्रद किरणें आँखों द्वारा संसार की क्रिया को भांपने योग्य हो जाती हैं, जिससे मन में प्रत्येक अवस्था में शान्ति रहती है। शान्ति केवल मन की शुद्ध मति के कारण ही होती है और यह केवल अनुभव करने पर ही होती है। पुस्तकों में से ज्ञान का प्रचार करने से भी मन शान्त रहने लगता है। ज्ञान के प्रचार को सुन कर भी मन में शान्ति उत्पन्न होती है। परन्तु ज्ञान का सत्यता का बोध नहीं होता। खोज करने पर मन में कई प्रकार की विचार धाराएँ उत्पन्न होती हैं तथा कई प्रकार के भाव उमड़ते हैं जो मनुष्य के मन को हवा में उड़ाए फिरते हैं। इस अवस्था में मनुष्य को शान्ति प्राप्त होती है यही स्थिति ज्ञान को प्रदर्शित करती है।

शान्ति साहित्यक विचारों से ही नहीं मिलती बल्कि अशिक्षित प्राणी भी शान्ति के प्रति जानते तथा उनको भी मन और बुद्धि में शान्ति का बोध होता है। जिस समय मन और बुद्धि का मेल होता है, उसी समय मनुष्य को शान्ति अनुभव होती है। पुण्य कर्मों द्वारा भी मन को शान्ति प्राप्त होती है। पुण्य कर्मों द्वारा सफलता प्राप्त होती है जिससे मनुष्य के मन में शान्ति की शान्त लहर अनुभव होती है।

— इति

11. प्रकृति

प्राकृतिक दृश्यों की छवि तथा इसमें व्याप्त जीव-जन्तु, पक्षी सब प्रकृति की देन होती है। प्रकृति पांच भूतों की विशेषता के बोध की संज्ञा कहलाती है, इसी में ब्रह्माण्ड भी आ जाता है। यह गुप्त रहस्यों की गठरी है, जिसमें गांठ के ऊपर गांठ लगी हुई मिलती है। सब इसी में उत्पन्न हो कर इसी में लुप्त हो जाते हैं; कीड़ों-मकोड़ों से ले कर हाथी जैसे जानवर इसी में हैं। खोज करने वाले खोज करते-करते इसी में रह जाते हैं। केवल मनुष्य के नए उत्पन्न हुए भाव प्रकृति के प्रति लिपिबद्ध हो कर प्रकृति में ही अन्य मनुष्यों के लिए किसी समय में जा कर अत्यन्त लाभदायक सिद्ध होते हैं। केवल बातें हीं होती हैं, परन्तु बातों में कुछ ऐसी छुपी हुई आग या कुछ झलक या रोशनी की किरणें होती हैं, जो मनुष्य को उत्तेजित करती हैं, जिनमें कि कुछ यथार्थ बातों की जादूगरी सी होती है। मन तथा बुद्धि की गहराई से बढ़ कर रहस्य का दर्जा ऊँचा नहीं होता। यह पांच भूतों की विशेषता — अग्नि, जल, वायु, पृथ्वी और आकाश में बंटी हुई है। इसी में सूर्य चान्द तारों सहित मनुष्य जीवन के आरम्भिक काल के अनुपम मधुर जीवन काल के स्वप्न बिखरे रहते हैं। मृत्यु उपरान्त भी इसी ब्रह्माण्ड के अन्दर-अन्दर ही आत्माएँ भ्रमण में रहती हैं, इसी में नदियाँ, समुद्र और पर्वत मालाओं की ऊँची श्रृंखलाएँ खड़ी हैं। जिसमें नदियाँ, समुद्र और पर्वत हैं, उस प्रकृति का वर्णन स्वयं अपने आप है उसका कौन वर्णन करे? बेजान वस्तुओं को दृश्यों में परिवर्तित करने वाले के गुण कौन बयान कर सकता है? उन के गुणगान के निमित्त समय की कुछ भी कीमत नहीं। जिनके द्वारा यह प्रकृति की माया रची गई है, उनका गुणगान इस मनुष्य जीवन की अल्प अवधि में किसी के बस का नहीं। उनके ऋण से मुक्त

होना मनुष्य के बस का काम नहीं। मनुष्य जीवन के लिए क्या-क्या वस्तुएँ नि:शुल्क भाव में अर्पित की गई हैं। हवा, अन्न और पानी मनुष्य के लिए कितनी बड़ी देन है। इसके अतिरिक्त भी बुद्धि की देन जिस द्वारा अनेक वस्तुओं की प्राप्ति की जाती है। मन की कल्पना द्वारा मनोविज्ञान में वृद्धि होती है। कल्पना ही विज्ञान है, यह प्रकृति ही मनुष्य के मन को उत्तेजित कर लुभाती रहती है जिसके आधार पर अनेक वस्तुओं का आविष्कार हो कर जनहित के लिए लाभप्रद सिद्ध होता है। प्रकृति और प्रकृति की रचना करने वाले के गुणों को मनुष्य इस अल्प आयु में न जान सकता है, न ही उन का वर्णन कर सकता है। हाँ इतना आवश्य है कि प्रकृति की विशालता और विशालता के मालिक जी की विशालता की महिमा परम-अपार है। जब हम यह कहते हैं कि परम-अपार है, इस का अर्थ यह हुआ कि परम-अपारता मनुष्य के वर्णन से बाहर है।

— इति

12. यज्ञ और हवन

मन की सत्य शुद्ध मति विशेष लक्षणों द्वारा मन से उदय हो कर प्रकट होने को उद्यत रहती है। चलती हुई हवा और बहते हुए मन की विचारधारा के साथ-साथ अच्छी-बुरी कई वस्तुएँ और कल्पनाएँ टकरा जाया करती हैं। मन ही सब कुछ करता, मन ही सिखाता तथा मन ही सब कुछ दिखाता है। मन ही के साथ आत्मा का मेल रहता है। मन ही आत्मा को आकर्षित करता है। यही जीवन का नक्शा या शीशा होता है। मन ही में मन अपने ही मन के लक्षणों के दृष्टान्त प्रतिबिम्ब में देखता है, उसी अनुसार मनुष्य के चलन की भावना बनती है। नियम, रीति रिवाज़ सब मन की क्रियाएँ हैं और मन ही में सब प्रेरणाएँ हैं। मन ही में उत्पन्न हुई किरणें मन ही को उजाले में लाती हैं। मन ही दिया और मन ही दिये की ज्योति होती है। मन की बात के ऊपर बुद्धि कशीदाकारी का कार्य करती है। मन ही शान्ति को प्राप्त करता और मन ही में शान्ति आने पर मन अपनी ही साया में विश्राम करता है। मन जैसे भी शान्त रहना। चाहे उसी प्रकार की कल्पनाएँ उत्पन्न कर अपने आप को कल्पनाओं की साया में समझाता हुआ विश्राम करता है। यज्ञ और हवन भी मन की कल्पना है। इस प्रकार की कल्पना तले उसे शान्ति अनुभव होती है। कल्पना मन की सत्यता की उड़ान होती है और सत्यता की उड़ान की रफ़्तार अनिश्चित और असीम होती है, यही उड़ान मनुष्य को प्रभु जी के चरणों में ला कर रख देती है। इसी असीम स्थिति में मनुष्य को सत्यता और असत्यता की कुंजी का ज्ञान हो जाता है। इस प्रकार के ज्ञान की प्राप्ति के बाद भी सत्यता के रहस्य का ज्ञान बड़ी कठिनाई से चलता है, क्योंकि अनेक ऋषियों को दर्शन प्राप्ति होती रही है, इसके पश्चात् वे इतने मगन हुए पाए हैं कि उनको धरती पर

रहने वाले अन्य लोगों के लिए विचार तक न हुआ, कि उनका कैसे कल्याण किया जा सकता है, कुछ ऐसे भी हुए हैं जिन्होंने अशिक्षित होने के कारण लोगों को ज़बानी ज्ञान के प्रति मार्ग प्रदर्शित किया, कुछ इस तरह के हुए हैं, जिन्होंने साधारण समझ के व्यक्तियों तक साधारण रूप से ज्ञान के बारे में बताया, ऐसे भी हुए जो लिपिबद्ध करते-करते सत्य रूप तथा सही तौर से वर्णन नहीं कर पाए, कुछ ऋषियों ने मन्त्रों के रूप में ज्ञान का विस्तार आम लोगों तक पहुँचाया, जिसमें अनेक बातों को छुपा कर रखते रहे, और अनेक प्रकार की सत्यता के रहस्य को बयान नहीं कर पाए या उनको समय के साथ-साथ सुअवसर प्राप्ति न हुई, फिर भी अनेक ने सत्य-असत्य के प्रति कहा और लिपिबद्ध किया है। यज्ञ मन की पवित्र विचारधारा के साथ होता है। इसमें सत्यता के ही लक्षण छुपे रहते हैं। देखने के लिए यज्ञ किया जा रहा होता है, परन्तु मन की सत्यता का जगमगाता रूप देखा नहीं जाता, अनुभव किया जाता है। यज्ञ और हवन आदि करने से मन सन्तुष्ट होता है, सन्तुष्ट मन की विचारधारा सुख-शान्ति प्रदान करती है। सत्य तो यह है कि जो कुछ भी है वह अपना ही मन है, अपनी ही बुद्धि है जिसके सहारे मनुष्य जो कुछ भी करना चाहे कर सकता है। केवल मन की चित्त वृत्ति को समझने और स्थिरता में रखने की चेष्टा करने की बात है। मन की सत्य लगन की लहर को भी यज्ञ ही समझना चाहिए, सच को भी यज्ञ ही समझना चाहिए, श्रद्धा को भी यज्ञ ही समझना चाहिए, अपनी नीति को भी यज्ञ ही समझना चाहिए, प्रतिदिन के नियम को भी सत्य ही समझना चाहिए। अपने मन को भेंट समझना चाहिए। मनुष्य जो कुछ भी प्राप्त करता है उसके बदले में उसे अपना मन देना पड़ता है। ध्यानावस्था में होना ही बड़ी बात है, इसी से सत्यता में वृद्धि होती है। इसी से लगन बढ़ती है। लगन ध्यानावस्था से पहिले और बाद में भी होती है। ध्यानावस्था के बाद की लगन या प्रयास करने से सुधार की गई लगन सत्य की खोज में हो गई हुई लगन होती है। जिससे मस्तिष्क की विचारधारा उन्नति की ओर वृद्धि में रहती है और परख हो जाने से ज्ञान की किरणें मन तथा बुद्धि को जगमगाने लगती है। यज्ञ मन की लगन की साधना का जाप है। इसमें श्रद्धा के कण पाए जाते हैं। सर्व-साधारण व्यक्तियों के लिए यज्ञ और हवन, मन की शान्ति के लिए होते हैं। अत्यधिक बुद्धिमान व्यक्ति में यज्ञ और हवन से ज्ञान उत्पन्न होता है। श्रद्धा बिन यज्ञ नहीं होता। हवन मन की विचारधारा को पवित्र

करता है। मनुष्य प्रभु जी के निमित्त कुछ नहीं कर सकता। परन्तु श्रद्धा द्वारा कुछ प्राप्त कर सकता है। इतना अवश्य है कि हवन की लहरें मन तथा मस्तिष्क को उत्तेजित कर प्रभु जी के चरणों की ओर ले जाती है।

— इति

13. आत्म-विश्वास

सूर्य की किरणों की भाँति ही मस्तिष्क की भी लुप्त तथा अदृश्य किरणें चारों ओर प्रवाहित रहती हैं, जो प्रकृति के दृश्यों में नई से नई वस्तु को ग्रहण करती रहती हैं, यह विचारधाराओं का वेग किसी न किसी निरीक्षण में अपने आप तत्पर रहता है, जहाँ बुद्धि किसी वस्तु को नाप तोल लेती है, उसी भांपने की क्रिया का बोध आत्म विश्वास होता है। यह अधिकतर उचित बुद्धि के कारण होता है। कोई मनुष्य ज़मीन पर खड़ा-खड़ा आकाश की आकृति के प्रति सोचता-सोचता इतना लीन हो जाता है, कि वह अपने आप को जमीन पर नहीं बल्कि उसी परिधि के इर्द-गिर्द घूमता हुआ समझता है, जहाँ उस की विचारधारा पहुँच गई होती है। मस्तिष्क एक प्रकार की चुम्बकीय शक्ति है, जिसके द्वारा मनुष्य को पूर्ण विश्वास हो जाता है कि उसने जिस वस्तु के प्रति कुछ उसके गुण दोष या गुणों की विशेषता का अनुमान लगाया है वह सत्य उसी प्रकार है, जिस प्रकार उसके मन में उस वस्तु की तस्वीर उतर आई है। यह विश्वास क्षीण बुद्धि की स्थिति में नहीं होता अपितु अति उत्तम बुद्धि की विचारधारा की उपस्थिति में होता है। आत्मविश्वास प्राय: सभी व्यक्तियों को नहीं होता। जिसमें अच्छाई बुराई तथा सत्यता और असत्यता को भांपने का अभ्यास होता है उसी में यह किरणें होती हैं।

संसार की प्रत्येक वस्तु परिवर्तनशील है, मनुष्य की आकृति और प्रकृति में भी परिवर्तन आता रहता है जिससे उसके हाव-भाव और स्वभाव में विशेष अन्तर आ जाता है। परन्तु आत्म-विश्वास की स्वभाविक क्रिया में अन्तर नहीं आता। अत: मनुष्य एक दूसरे पर विश्वास कर बैठते हैं जो किसी समय में हानिकारक हो जाता है। इसमें

मनुष्य की सत्य आत्मा को भी धोखा हो जाता है। अत: आत्म विश्वास को सम्पर्क तक के समय तक ही समझना उचित रहता है। मनुष्य को मनुष्य का विश्वास उसकी प्रकृति अनुसार करने के पश्चात भी भूले हुए रहना चाहिए या मनुष्य सत्यात्मा होना चाहिए जिस पर पूर्ण रूप से विश्वास किया जा सकता हो। आत्म-विश्वास अन्य लोगों पर ही नहीं होता, अपने ऊपर ही अधिकतर समझा जाता है तथा अपने लिए ही लाभदायक रहता है। जीवन में पग-पग पर आत्म-विश्वास की देन सहायता के रूप में प्राप्त होती रहती है।

मनुष्य मात्र की सीमा से बढ़ कर आत्म-विश्वास आनन्ददायक तथा आनन्दमय जीवन का स्रोत समझा जाता है। आत्मविश्वास होने के पश्चात् हठ के रूप में ईश्वरीय सत्ता तक पहुँचाने वाला भी यही सहारा होता है। आत्मविश्वास वाले मनुष्य की बुद्धि अत्यन्त तीव्र अवस्था में होती है। आत्मविश्वास से ही जीवन सुखी रहता है। बुद्धिमान आत्मविश्वास के व्यक्ति को साधारण समझ के व्यक्ति की समझ भांप नहीं सकती। बिन सत्यता आत्मविश्वास की लहर उत्पन्न नहीं होती।

— इति

14. स्तुति

प्रत्येक देश, प्रान्त और गांव के व्यक्तियों की पूजा-पाठ की रीति उनकी सत्य नीति और भाषा अनुसार संस्कृति के आधार पर अलग-अलग और एक ही यथार्थता को प्रकट करती है। स्तुति मन की सत्यता की क्रिया पर आधारित रहती है। मन द्वारा की गई स्तुति लगन की स्थिति के बोध को प्रकट करती है। यह केवल मात्र नियम ही समझा जाता है — इसे नियम नहीं समझना चाहिए, जब तक मन लालायत न हो उठे स्तुति करने का लाभ नहीं, इसे समय को व्यर्थ गंवाने का ही नियम समझना चाहिए। स्तुति द्वारा मन की विचारधारा में सत्यता नहीं होती अपितु सत्यता द्वारा मन की विचारधारा मन को पवित्रता में बदल देती है — मन की सच्चाई ही धीरे-धीरे ध्यानावस्था में परिवर्तित होती जाती है — इस क्रिया का मनुष्य को बोध तक नहीं हो पाता, जैसे बच्चे से मनुष्य युवापन में हो जाता है और प्रतिदिन के बढ़ने का पता नहीं चलता इसी प्रकार मन की लगन का भी पता नहीं चलता, प्रत्येक अवस्था में मनुष्य अपने आप को अयोग्य ही समझता है, क्योंकि योग्यता की स्थिति से वर्तमान काल की बुद्धि की सीमा और आगे को झुकी हुई होती है, अत: बुद्धि की निपुणता को भी मनुष्य पूरी तरह भांप नहीं सकता।

स्तुति मन की प्रेरणा के साथ ही उचित रहती है, मन न माने या अन्य किसी कारणवश ध्यान में बाधा आने का अंदेशा हो, तो मन स्तुति की जाने वाली दशा में नहीं आता, परन्तु इसमें भी प्रतिदिन का नियम हो, तो मन की दशा बदल जाती है। मनुष्य को स्तुति करते हुए कई बार अपनी सत्यता का बोध हो जाता है।

असत्य भाव में की गई स्तुति व्यर्थ रहती है। मनुष्य अपने लिए स्तुति करता है, न कि भगवान जी की बंदिश में आकर, इसलिए मिथ्या भाव से या अन्य लोगों को दिखावे के तौर पर दर्शाई गई स्तुति की अवस्था मनुष्य के लिए लाभदायक नहीं होती। मनुष्य को भगवान जी के प्रति विश्वास नहीं होता इसीलिए वे बुरे काम और असत्यता से नहीं डरते, उनका यह विचार है कि भगवान जी को क्या पता चलता है, कौन देखता है कौन सुनता है ? परन्तु यह बात नहीं, प्रत्येक मनुष्य के प्रति पल-पल की खबर रखने वाले से कोई बच नहीं सकता। असत्य भाव से स्तुति स्वयं भगवान जी को भी अच्छी नहीं लगती। संसार के किसी भी मनुष्य के अच्छे बुरे कर्म छुपे नहीं रहते, केवल मनुष्य के मन की विचारधारा ही ऐसी है, वह यहाँ तक ही समझ सकता है कि उसे कोई ईश्वरीय शक्ति नहीं देख पा रही। ऐसे मनुष्य को समझ लेना चाहिए कि उसे उसकी आँख और बुद्धि क्या कहती है, क्या देखती है, इसी प्रकार उसे भी देखा जा रहा है।

बिना दुख कष्ट क्लेश के मन में सत्यता के तत्त्व अंश उत्पन्न नहीं होते। सत्यता के अंश होने से ही मन की विचारधारा में लगन की रुचि जागृत होती है। लगन होने से की गई स्तुति में असर होता है। अपने आप रुचि उत्पन्न न हो तो मन की सत्यता को मिथ्या समझना चाहिए। जब तक मन की लगन उद्देश्य को या किसी आदेश को प्रकट न करे समय खो देने के नाते स्तुति नहीं करनी चाहिए।

प्रतिदिन स्तुति मिथ्या ढंग से नहीं करनी चाहिए। जिस दिन मन कहे वही दिन पूजा-पाठ के निमित्त उचित होता है, मन दिन भर की स्तुति में नहीं जमता। प्रत्येक कार्य तथा भाव की दशा में, मन की सत्यता के गुप्त बर्ताव करना, मन तथा बुद्धि को अग्रसर रखते हैं और मन में शान्ति उत्पन्न होती है। ऐसे समय में की गई स्तुति मन को शान्त अवस्था में रखती है। मन में प्रेरणा और उचित बुद्धि न होने से स्तुति किसी काम की नहीं होती। प्रतिक्षण भी 'ॐ ॐ' जपने से कुछ नहीं होता। सत्य की एक पुकार लाखों बार ॐ जपने के बराबर हो जाती है। अत: मन की सत्य नीति से ही कार्य सिद्धि होती है।

— इति

15. आत्मा की पुकार

मनुष्य के मन की या आत्मा की पुकार उसके किसी विशेष समय की पुकार होती है, जिस समय अचानक मन प्रभु जी की याद में खो कर पुकार उठता है 'हे भगवन तू ही तू है' — यह सत्य हृदय की सत्य पुकार होती है। यह दुख-दर्द के समय में या दुख-दर्द से निवृत्ति के समय में अपने आप मन से प्रेरणा हो कर निकल पड़ती है। यह मन की सत्य विचरने की घड़ी में निकल पड़ती है। यह मनुष्य के लिए सत्य का संदेश होता है — यह मन की उस गुप्त दशा को प्रकट करती है कि इसको सीख समझ कर इसी प्रकार मन की विचारधारा को प्रवाहित रखें ताकि इस मृत्यु लोक में मनुष्य मात्र का कल्याण हो सके। इस समय भगवान जी की सत्ता याद आती है। मनुष्य के रोम-रोम में भगवान जी के प्रति स्नेह की सनसनी की लहर जाग उठती है।

मनुष्य के मन में यही विचार होना चाहिए, कि तू कुछ भी नहीं जो कुछ है वह एक सम्य श्री सच्ची शक्ति है। मन में सत्य भावना युक्त जो विचार उत्पन्न होते हैं वह लाभप्रद तथा जीवन में परिवर्तन लाने वाले होते हैं। मन में सच्ची लगन उत्पन्न होने से आत्म बल बढ़ता है। मालिक जी को मनुष्य से नहीं उसकी आत्मा से प्रेम होता है। मनुष्य को भी मनुष्य की मधुर वाणी से प्रेम होता है। सारी बात कोमल हृदय और मन की करुणा युक्त वाणी के प्रयोग पर निर्भर रहती है। अधिकतर प्रकृति प्रिय मनुष्यों के मन बोध और वर्णन में पिघले हुए होते हैं। ऐसे ही मनुष्यों के मन में विचार धाराएँ उमड़ती रहती हैं। उन्हीं व्यक्तियों के भाव पुकार बन कर मन की पवित्रता बनाए रखते हैं। मन के भाव में करुणा होती है, करुणा में आत्मा की झलक होती है। इसलिए इन लक्षणों वाले प्राणि सत्य श्री सच्ची शक्ति जी के बहुत निकट होते हैं।

जीवन अच्छाई और बुराई की तस्वीर है । बुद्धि बल द्वारा पलटा कर इसे कई प्रकार से देखा जा सकता है, इसी में मन ही की कई तस्वीर झलक उठती है । मन से काम लेने के लिए मन ही को कई प्रकार का बना लिया जा सकता है । मन को बुद्धि के बस में करने के बाद मन काबू में कर लिया समझना चाहिए । मन की कल्पना मन का दर्पण और यही आदर्श समझा जाता है । मन की पुकार सत्यता का प्रमाण होती है । सत्य, शुद्ध शिक्षाप्रद बातों को जीवन की उन्नति का मार्ग समझना चाहिए । यह सब प्रकार की बातें मन की पुकार को प्रकट करती हैं । मन द्वारा आकर्षित की गई धारणाओं में आत्मा के अंश होते हैं । इसीलिए मन द्वारा मन चित्त के रूप में आई हुई लहरें, भाव, या बातें सब आत्मा की पुकार होती हैं । यह अलग बात है कि मन की धारणा एक नहीं होती, इसी बात से समझा जा सकता है, कि प्रत्येक प्राणी का ध्यान बड़ी कठिनाई से ईश्वरीय ओर को होता है । उदाहरणार्थ— कही गई विशेषताओं के आधार पर प्राणी की आत्मा उत्तम आत्मा होती है, इन्हीं बातों से मनुष्य का ध्यान ईश्वर की ओर रहता है । मन द्वारा सोची विचारी या कार्य रूप में लाई गई बातें आत्मा की ही पुकार में समझी जाती है । गुप्त रूप में मन ही मन में रखी गई धारणा भी मन तथा आत्मा की पुकार होती है । पुकार से कई कार्य सिद्ध हो जाते हैं । पुकार गुप्त रूप में भी होती है और सत्य रूप की भावना द्वारा कार्य के रूप में भी होती है इसका अर्थ लगन को प्रकट करता है ।

मन की पुकार से बढ़ कर न मनन है न पूजा-पाठ । मनुष्य की सत्यता की कुल तपस्या पुकार के आधार पर होती है । परन्तु मनुष्य पुकार के रहस्य को कुछ कम समझता है । पुकार ही से अविरत रूप की भक्ति में पदार्पण होता है ।

— इति

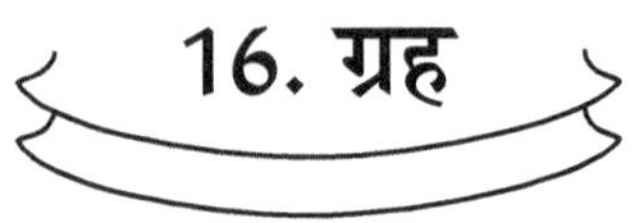

16. ग्रह

ग्रह अवगुणों को विचारने का व्यर्थ तथा निरर्थक प्रयास है। मन की मलिनता बढ़ाने से बढ़ती और घटाने से घट जाती है। यह मन की गति पर निर्भर होता है। मन की अपशगुन विचार में गति व्यर्थ तथा निरर्थक बातों के विचारने से ही बढ़ती है। सत्य क्रिया की जगह प्रतिकूलता में विचार करने से ग्रहों की पूजा आरंभ होती है। यह मन की सत्यता के अभाव में मन ही का अंधेरा होता है जिसको बुद्धिबल द्वारा भी हटाना कठिन हो जाता है, क्योंकि सत्य के प्रति मस्तिष्क में ही उजाले की किरण नहीं तो ग्रह की सत्य-असत्य क्रिया को किसी लौ की रोशनी में परख किया जा सकता है। मनुष्य मात्र को वहम में अवगुणों का शिकार होना पड़ता है क्योंकि मन की मलिनता के कारण अनेक ऐसे विचार उत्पन्न होते हैं जो मन के अस्तित्त्व के ऊपर आकर छा जाते हैं। यह यथार्थ में कुछ भी नहीं होते, केवल मन की मिथ्या धारणा के कारण होते हैं। जिसको मनुष्य मिथ्या नहीं मान सकता क्योंकि उसने कभी मिथ्या के प्रति न सुना, न समझा, न मस्तिष्क ही में ऐसा कभी विचार आया। यह मन के वहम को दूर करने की प्रथा नवीन नहीं, प्राचीन काल से ही चली आ रही प्रथा है। जो कुछ होना होता है, वह अटल है उसे कोई भी मनुष्य टाल नहीं सकता। परन्तु ऐसी भी बात नहीं बुद्धि बल द्वारा प्रत्येक समस्या तथा छुपी हुई व्यर्थ बातों के रहस्य का समाधान होता है। निर्मल बुद्धि दूर तक की व्यर्थ वस्तुओं को भांप जाती है। ग्रह कुछ और होते हैं परन्तु ग्रहों की पूजा कुछ और होती है। मन को मार लेने से ग्रहों का खटका नहीं रहता। मन को समझाने के लिए उत्तम विचार की विचारधारा का होना आवश्यक होता है।

संसार में ग्रह हैं, परन्तु उनके प्रति मनुष्य मात्र को कुछ भी ज्ञान नहीं है। शनि, राहू, केतु तथा अन्य ग्रह जिनको मनुष्य ग्रह मान बैठे हैं उनका मनुष्य मात्र के ऊपर कुछ भी असर नहीं होता। यह नाम मनुष्य द्वारा दिए गए हैं और मनुष्य की अपनी बुद्धि के बोए हुए बीज हैं। इनका कुछ और भी नाम रखा जा सकता है, अपने ही बनाए हुए बुत से मनुष्य को घबराहट होती है, तो यह उसकी आत्मा की पहचान है। आत्मबल के अभाव में ही मनुष्य को चिन्ता, डर और घबराहट होती है। यह प्राचीन काल में मनुष्य के मन में डर पैदा करने के लिए तथा एक धन्धा बन जाने की विचारधारा थी जो बुद्धिमान मनुष्यों द्वारा ही बनाया गया नियम है। उनको ईश्वरीय शक्ति या ग्रहों की सत्य विशेषता के प्रति कुछ भी ज्ञान नहीं था। संसार में सत्य वस्तुओं को स्थान प्राप्ति हो जाने से या सत्यता उभर आने से परिवर्तन अवश्य होते रहते हैं। मन, मनपसन्द वस्तुओं की ओर दौड़ता है। मनपसन्द वही वस्तुएँ होती हैं जिनमें सत्यता की जानकारी मिलती है। सत्यता की जानकारी मन को शान्ति प्रदान करती है। जहाँ तक मनुष्य की मन बुद्धि अपनी क्षमता अनुसार विचार विमर्श में डूब सकती है, वहाँ तक मनुष्य मन के लिए सत्य वस्तुओं को ग्रहण कर लेता है। सत्य चलन से अनेक वस्तुएँ मनुष्य के मन में अपने आप उतर आती हैं।

अब कुछ ग्रहों के प्रति जो वास्तव ही में होते हैं और उनका मनुष्य मात्र को ज्ञान अब तक भी नहीं है। यह क्या हैं और कैसे होते हैं तथा इनसे कैसे मुक्ति मिलती है, या इनसे कैसे मुक्त हो सकते हैं। वायु के मिश्रण में अनेक दुआत्माएँ भ्रमण में रहती हैं। यह दुआत्माएँ मनुष्य की प्रकृति अनुसार उसकी स्वाभाविक क्रिया में सांस की हवा के साथ-साथ अन्दर जाती और बाहर आती रहती हैं। सर्वप्रथम इनका अधिकार नयनों की दृष्टि में झलक के रूप में और मस्तिष्क में लहरों की क्रिया में हो जाता है। परन्तु मनुष्य को इनका पता नहीं चलता। वह बाह्य प्रभाव को अपनी ही विशेषता समझता है। इसी आधार पर मनुष्य के मन में कई भावनाएँ उत्पन्न हो कर मिटती रहती हैं। इस प्रकार के परिवर्तन प्रतिक्षण की क्रिया में होते हैं। जिसके कारण मनुष्य कई प्रकार से पीड़ित रहते हैं। यह दुआत्माएँ केवल भूत-प्रेत के रूप में ही नहीं होतीं। यह सब अदृश्य रूप में ही होती हैं। इनका मनुष्य के साथ उसकी भावना अनुसार सम्बन्ध रहता है। इनका खेल होता है और मनुष्य को पीड़ित होना पड़ता है। यह दुआत्माएँ

न केवल भूत-प्रेत ही की तरह भूत-प्रेत होती हैं बल्कि इनका मनुष्य के मन के ऊपर कुछ गहरा प्रभाव भी पड़ता है, उसे डांवाडोल करती रहती हैं, जब आँखों की दृष्टि तक में इनका असर हो जाता है, उस समय बनते-बनते काम में रुकावट बन कर यही अड़चने बन जाती हैं। अन्य मनुष्य को भी उस के हित में आने से विपरीत कर देती हैं। यह अकेली नहीं होतीं और चारों ओर से मनुष्यों के मन को पलट देती हैं। इस समय में भी मनुष्य दृढ़ आत्मा का हो तो उसके मन के ऊपर इनका असर नहीं होता। इनकी दुश्मनी सत्यता से, शुद्ध चलन से तथा शरीर की स्वच्छता से रहती है।

कई ऐसी भी दुआत्माएँ होती हैं जो प्रत्येक भाव में अपना प्रभाव मनुष्य के शरीर में उतर कर करती हैं। इनका बल आत्म-बल के सामने नहीं चलता। मनुष्य इन्हीं के पन्जें में आता है। यही मनुष्य को अपनी हवा की गति में प्रवाहित कर देती हैं। परन्तु मनुष्य इसे अपनी ही क्रिया की करामात समझता है। कई आत्माएँ मनुष्य के शरीर में उतर कर उसके सौभाग्य को उन्नत करती हैं। बहुत सी आत्माएँ और दुआत्माएँ मनुष्य को उसके स्वप्न में आ कर स्वप्नों के दृश्य दिखाती हैं। कुछ दुआत्माएँ अपने निश्चित निज स्थानों पर ही रहती हैं। उनका असर उस स्थान पर जाने से यानी लांघने से होता है। कुछ दुआत्माएँ मनुष्य को भूत-प्रेत बन कर मिलती हैं। जिनसे मनुष्य घबरा भी जाता है। इनसे डरना या घबराना बेकार की बात होती है। यह मनुष्य का अपना डर होता है। यह मनुष्य का कुछ भी नहीं बिगाड़ सकतीं।

कुछ आत्माएँ अपने विशेष लक्षणों से शरीर में प्रविष्ट होकर अपने ही आप को समझती हैं। शरीर को अपना घर समझती हैं। शरीर में रह कर अपने आप सारे कार्य करती और मनुष्य के यथार्थ अस्तित्त्व को समाप्त करना पसन्द करती हैं। इनकी वजह से मनुष्य अपने बस में नहीं रहता। पागल हो जाता है। मस्तिष्क की क्रिया के ऊपर भार आ जाने के कारण भी मनुष्य की याद्दाश्त मन्द गति में आ जाती है और इस स्थिति में भी पागलपन होता है। इस प्रकार के मरीज़ के सामने भय का आडम्बर दिखाने से पुन: सही स्थिति में आ जाने की आशा हो जाती है।

अन्य दुआत्माएँ जो भ्रमण में रहती हैं प्रलयकारी तथा अचानक घटनाओं को लाने वाली होती हैं। मन, बुद्धि और दृष्टि में अन्तर उत्पन्न कर देती हैं। इस रहस्य का पता मनुष्य मात्र को कदाचित नहीं चलता परन्तु उसकी पवित्र आत्मा को बोध हो जाता

है, जो शरीर के किसी भी अंग के फड़कने से मनुष्य को चेतना के तौर पर संदेश होता है। इसमें कई प्रकार के संदेश होते हैं जो आत्मा द्वारा ही मनुष्य को मिलते हैं। शुभ लक्षणों को भी संदेशों द्वारा ही आत्मा प्रचंड अवस्था में प्रकट कर देती हैं। इन लक्षणों का अच्छा या बुरा परिणाम जानना इतना दुष्कर नहीं होता पर इतना सरल भी नहीं होता। अपने कार्य में सफलता प्राप्त करने में दुआत्माएँ प्रसन्न रहती हैं। शरीर में आत्माओं का ही अच्छा-बुरा चक्र चलता रहता है। यही ग्रह और यही दशा के रूप में होती है। इनमें इतना बल नहीं होता जितना कि बुद्धि की विचारधारा में होता है। यह अलग-अलग मनुष्य के शरीर में अलग-अलग प्रकार से अपना असर प्रकट करती हैं। किसी की आँख फड़की है, तो उसका अच्छा परिणाम निकट आया है, किसी की वही आँख फड़की है तो उसका बुरा परिणाम निकल आया है, इसका अर्थ यह है कि मनुष्य के शरीर में आत्मा और ग्रह आत्मा के शक्तिशाली और क्षीण होने की अवस्था का उदाहरण है। इस बात के पीछे नहीं रहना चाहिए। इस प्रकार की चेतना का बोध हो जाने के बाद मनुष्य को सोच समझ कर चलना ही इनके ऊपर काबू पाने का सुअवसर प्राप्त करना होता है। उदाहरण के तौर पर कई प्रकार से अपना मुख मोड़ लेना उचित रहता है। इस प्रकार की चेतना का असर ज्यादा से ज्यादा एक सप्ताह या कम से कम दो दिन या आधा दिन होता है। अधिकतर बुद्धि बल द्वारा ही बुद्धिमान व्यक्ति प्रत्येक दशा को भांप जाते हैं। बुद्धि बल द्वारा ही संबोधन करते हैं।

— इति

17. आलस्य

आलस्य दरिद्रता है, अधिकतर आराम ही करने के विचार में रहने से दरिद्रता बढ़ती रहती है। मन तथा बुद्धि की मन्द गति होने से चंचलता छिन जाती है। आलस्य उन्नति की ओर बढ़ने में बाधा बन कर मनुष्य को पीछे की ओर खींचती है। ऐसी स्थिति में बनते-बनते काम भी रूक जाते हैं। मन की अशान्त अवस्था को आलस्य के अवगुणों के उभरने का समय जानना चाहिए, इस स्थिति में घर से निकल पड़ना चाहिए, किसी से बात न करते हुए दूर तक सैर करने के बाद मन अपनी शान्त अवस्था में आ जाता है। प्राय: मन तथा बुद्धि की विचारधारा के घटने-बढ़ने के दबाव से मन के ऊपर भार आ जाने से ऐसा होता है। ऐसे समय में किसी भी तरह से कहीं दखल नहीं देना चाहिए, अपने मन की शान्ति बनी रहती है। आलस्य की परख हो जाने से उत्साह पूर्वक कार्य करने के लिए उद्यत रह कर आकस्मिक घटना को जड़ से उखाड़ डालने के बराबर होता है। आलस्य में चेतना की लहर उत्पन्न कर देना असाधारण परिस्थितियों को बस में करने का उपाय है। आलस्य को मन से उत्साह पूर्वक दूर करना चाहिए। आलस्य को दूर करना ही अड़चनों को पार करना होता है।

आत्मा शरीर में रमी रहती है, मनुष्य सुख में रहे, तो आत्मा शान्त और प्रसन्न रहती है। आत्मा मनुष्य से बोल नहीं सकती, आत्मा की आवाज़ को पहचानना सरल नहीं है, आत्मा की आवाज़ पर मनुष्य के मन की बात एक ही अनुभव होती है, परन्तु ऐसी बात नहीं है, आत्मा की आवाज़ अभिलाषा के रूप में होती है, भाव के रूप में होती है, सुख शान्ति को प्राप्त करने के रूप में होती है। यह मन की मन्शा ही होती है जो मन ही मन में बुलबुले के तौर पर होती है। आत्मा मनुष्य से बोलती नहीं पर अपनी अभिलाषा को जता देती है। बस इसी को पहचान लेना चाहिए कि आत्मा यहां कुछ

कह रही है। क्योंकि आत्मा को सब कुछ पता हो जाता है परन्तु मनुष्य को इसके भाव जो प्रदर्शित किए हैं धुंधले से अनुभव होते हैं, टिमटिमाते से अनुभव होते हैं। यदि मनुष्य के शुभ कर्मों का फल अच्छा हो तो यह भाव मन में आ कर मन से जाते नहीं। इन द्वारा मनुष्य को भली भान्ति अनुभव हो जाता है। सारांश यह है कि आत्मा अपने संदेश द्वारा मनुष्य को जाग्रत करती है। आत्मा प्रतिक्षण भ्रमण में भी रहती है। अत: प्रत्येक समय में आत्मा शरीर के अन्दर ही नहीं रहती।

मन, बुद्धि और उत्साह से आत्मबल उत्पन्न हो कर असहाय मनुष्य का साथी हो जाता है। धैर्य हीनता में आत्मबल नष्ट हो जाता है। बुद्धि में धैर्य हीनता आ जाने से, आलस्य बढ़ जाता है। शारीरिक बल, निर्बल होने से ही आलस्य व्यापक होता है। आयु अवस्था के साथ-साथ शरीर निर्बल हो जाता है, अत: इस समय में आराम की स्थिति को आलस्य नहीं समझना चाहिए। आराम और आलस्य में बड़ा अन्तर होता है। आलस्य में अशान्ति की लहर होती है। परन्तु आराम में सुखप्रद लहर होती है। पूजा-पाठ द्वारा मन की शुद्धता बनी रहने से आलस्य अपने आप दूर रहता है। पूजा-पाठ भगवान जी के नाम ही निमित्त नहीं होती अपने लिए होती है। इसमें मनुष्य के स्वार्थ भाव की भावना होती है जो मनुष्य को ज्ञान नहीं कि तू किस के लिए करता है। कृपानिधान को रिझाना मनुष्य के अपने मन का भाव है। सर्वश्रेष्ठ, सर्व शक्तिमान जी की शक्ति मनुष्य के उद्धार के लिए है, परन्तु उद्धार करवाने के लिए मनुष्य का नीतिवान और सत्य आत्मा का होना आवश्यक है। पूजा-पाठ से स्थान पवित्र और स्वच्छ रहता है, जिससे मनुष्य के मन में कुछ असर होता है, वह यही समझता है कि उसकी पुकार भगवान जी तक आवश्य पहुँच रहीं है, इस प्रकार मनुष्य को मन में कुछ वहम सा रहता है। नि:स्वार्थ भाव से की गई पूजा-पाठ की पुकार हृदय को पवित्र बनाती है जिसके कारण मन की किरणें सत्यता के रूप में बदलनी आरंभ हो जाती हैं तथा मन की दशा पवित्र विचारों से भर जाती है। पवित्र भावना के आधार पर ही मनुष्य की मन और आत्मा द्वारा रुचि सत्य श्री सच्ची शक्ति जी की ओर हो जाती है। पूजा-पाठ से केवल मन ही पवित्र नहीं होता, अपितु इससे आलस्य भी दूर होता है। बुद्धिमता के सहारे ही पवित्रता प्राप्त होती है। पवित्रता के निकट आलस्य नहीं आता। आत्मबल बढ़ जाने से आलस्य आदि का भय नहीं रहता।

— इति

18. अपशगुन या दोष

अपशगुन या दोष मन में चुभन लाने की क्रिया का नाम है। मन की प्रकृति और प्रभाव दोनों बराबर के पलड़ों में तुलने लग जाते हैं। आत्मा को किसी भी बंदिश में डाल दिया जाए, मनुष्य में उसी प्रकार के गुण-अवगुण आ जाते हैं। बुद्धि के अभाव में आत्मा भी अपनी किरणों को प्रकाशित नहीं करती। मनुष्य को अपनी प्रकृति अनुसार के मनुष्य आवश्य मिलते रहते हैं। अतः सत्य-असत्य को सही मान कर सोचने-समझने तथा अनुकरण करने में त्रुटि लुप्त रहती है। बुद्धि द्वारा ही सत्य-असत्य का पता चलता है। छानबीन करने की शक्ति उस समय जागृत होती है जब किसी और की आस्था तोड़ दी जाती है। झूठे आश्वासन पर टिकी हुई आस्था केवल मन को दिलासा देने के तुल्य होती है। परम्परागत रूप से अपनाई हुई आस्था रखने की रीतियाँ भी मनुष्य द्वारा ही अपनाई तथा बनाई गई हैं। संसार में पीढ़ी दर पीढ़ी प्राणियों की सन्तान अविरत परम्परागत की उन ही रीतियों पर ढली चली आ रही है। लाखों वर्ष पहले भी यही अवस्था थी और अब भी लाखों वर्ष पहले के चिह्न या दृष्टान्त संसार में संसारियों की रीतियों में झलक पड़ते हैं। समय अनुसार की लहर में अवश्य कुछ न कुछ अन्तर आता गया है। जहां तक अन्तर आ जाना चाहिए था, इनके ऊपर बहुत ही कम लोगों द्वारा विचार हुआ है। जिन लोगों ने पथ प्रदर्शक बन कर रोशनी दी भी है, उनको समझा नहीं गया। जो भी कुछ पाप-पुण्य होता है सब मन की गति और मनुष्य के चलन के कारण होता है। किसी को अपने पाप और पुण्य का पता नहीं होता। कोई भी रीति, परम्परा स्वर्ग लोक की उतारी हुई नहीं है। सत्य कथन और शुद्ध चलन को स्वर्गीय देन समझना उचित है। जिस समय के लोगों में ऐसे विचार उत्पन्न हो जाएँगे,

उस समय के लोगों में किसी प्रकार की कोई त्रुटि नहीं रह जाएगी। इसी से प्राणी-प्राणी में प्राणियों के प्रति भावनाएँ उत्पन्न हो कर उच्च स्तरीय काल समझा जाएगा। ऐसा समय अब तक इस जमीं पर रहने वालों के लिए आदि काल से ही नहीं आ सका है। अब तक इस जमीं पर यही भावनाएँ घर किए रही हैं कि इस धर्म को मानो, उस धर्म को मानो, यह मेरा धर्म है वह तेरा धर्म है, इस रहस्य के ऊपर किसी ने सोचा तक भी नहीं कि सत्य कौन सी बला है हमारा चन्द दिनों का बसेरा इस धरती पर है इसमें भी हम जीने के तौर पर न जिए तो, मनुष्य जीवन का क्या लाभ है? संसारियों में मिथ्या वस्तुओं के ऊपर भी दृढ़ विश्वास हो जाता है तथा सत्य ही समझ लिया जाता है। इस प्रकार मिथ्या बात की जड़ें जटिल हो जाती हैं। बुद्धि हीनता में भी आत्मा की जटिलता होती है। जैसे दिये, चांद-तारे और सूर्य का प्रकाश यानी उजाला सब में ही तो होता है। परन्तु इन सब के प्रकाश में परस्पर कितना अन्तर है। यही बात मिथ्या वस्तुओं की धारणा में घर की हुई होती है। आत्मा की दृढ़ता, सत्यता या असत्यता बुद्धिबल की अयोग्यता में नहीं समझी या जानी जाती। बुद्धि बल अनुसार आत्मा भी अंधेरे और उजाले में हो जाती है। सत्य रूप में विश्वास कर लेने से असत्य भी सत्य ही लगने लगता है। मिथ्या विश्वास की जटिलता मल की तरह मन के ऊपर इस प्रकार जम जाती है कि जीवनभर मन द्वारा उजाले का मुँह दिखाई नहीं देता। कारणवश जीवन व्यर्थ ही हो जाता है जो अनुभव भी नहीं किया जाता। बुद्धि द्वारा मन की मलिनता का पर्दा सत्य वस्तुओं को अपनाने से दूर हटा रहता है। इसमें मन का भय और असत्य का सहारा प्रधान समझा जाता है। जैसे किसी देवता की आराधना करना, मिथ्या व्रत करने की रीति को अपनाना कि आवश्य फल प्राप्त होगा। यह सब अन्धविश्वास की बातें हैं। देवताओं की आराधना करने से मन का भय दूर नहीं होता, ऐसे करने से आत्मा झूठी होने पर भी सत्य ही मान ली जाती है। इसमें जैसे कि मनुष्य का खेलना यानी शरीर कांप उठना, जादू मन्त्र आदि दिखाना। इन चीज़ों की शक्ति बुद्धिबल और आत्मबल के सामने कुछ भी नहीं होती। केवल बुद्धि द्वारा ही आत्मा को सहारा मिलता है फलस्वरूप जीवन में सुख-शान्ति प्राप्त होती है।

— इति

19. निन्दा

मस्तिष्क की विचारधाराओं में त्रुटियों के संग्रह के कारण या मस्तिष्क की अत्यन्त उत्तम विचार के अभाव में निन्दा होती या की जाती है। बुद्धिमान वही है जो निन्दा करने से बचा रहे। त्रुटियों के कारण या शुद्ध विचार के अभाव में निन्दा की जाती है। निन्दनीय व्यक्तियों की निन्दा करना उनको अच्छी ओर लाने का पुण्य समझा जाता है। उचित कार्य के बोध को समझने वाला, सत्य वक्ता, परिस्थिति और प्रकृति को समझने वाला सदा निन्दा से मुक्त रहता है। निन्दा करने वाला अपने आप को निपुण समझता है। छानबीन करने की योग्यता द्वारा ही निन्दा करने आती है। छानबीन करने की योग्यता के बुद्धि स्तर तक प्राय: प्रत्येक ही मनुष्य के मस्तिष्क की पहुँच हो जाती है। अत: निन्दा करने की क्रिया स्वभाविक ही बनी रहती है। निन्दा करने की आदत को अपने बस में करना मन को उजाले में लाने के बराबर है। उत्तम गुणों को न समझ सकने में ही निन्दा त्यागी नहीं जाती। निन्दा की नीति अपनाए रखने के भाव में, मन में निर्मलता की किरणें दबी की दबी रह जाती हैं। मन तथा बुद्धि में लुप्त ज्ञान की किरणें उदय न होने के कारण ही मन की मलिनता दूर नहीं होती। मन में उजाले का प्रकाश सा प्रकाश अनुभव होने के कारण ही मनुष्य बुरी भावनाओं की अपनाई गई रीतियों को त्याग पाता है। उत्तम गुणों के बोध समझ में आ जाने के कारण निन्दा धीरे-धीरे मन से दूर होने लगती है। निन्दक को अवश्य समझ लेना चाहिए कि तू अपने लिए नहीं दूसरों के लिए है, अत: शुभ कार्य करता जा। यह भी समझ लेना चाहिए कि तू अपने लिए है, अत: बुरे कार्यों से दूर रहना चाहिए। संसारियों में अनेक त्रुटियाँ हैं अत: उनकी त्रुटियों की ओर ध्यान नहीं देना चाहिए। ज्ञान के रूप में त्रुटियों को दूर करने

की क्षमता में प्राणी जन का उद्धार करना पुण्य है। त्रुटियों के प्रति समझा कर नए रास्ते पर लाना जनता को कल्याण करने के उद्देश्य की ओर झुकाना है। धार्मिक पुस्तकों का अध्ययन करते रहने से बहुत कुछ उपलब्धि हो जाती है। कई त्रुटियाँ अपने आप दूर हो जाती हैं। अच्छी-बुरी परख हो जाने के बाद मन प्रफुल्लित रहने लगता है, इस अवस्था में निन्दा करने की आदत दूर हो जाती है। साधारण व्यक्तियों की साधारण समझ और चंचल व्यक्तियों की चंचलता से भी परस्पर निन्दा कई प्रकार से होती रहती है। ज़बान और दिमाग के ऊपर काबू पाने वाले निन्दा तथा अन्य कई बुराइयों से बचे रहते हैं। निन्दक द्वारा की गई निन्दा को ध्यान में न लाने से आपसी झगड़े दूर हो जाते हैं। निन्दक को क्षमा कर देने से भी उसका सिर नीचा रहता है। परस्वार्थ करने वाले में निन्दा करने की आदत नहीं होती। ऐसे व्यक्ति निन्दा कर के बेसमझ मनुष्य को सही रास्ते पर लाते हैं। चरित्रवान गुणी मनुष्य को मनुष्य न समझ सके तो भी उसका मान कम नहीं होता। गुणों से भरपूर व्यक्ति का सत्कार फिर भी होता ही रहता है। परस्वार्थ से अच्छे गुणों की उत्पति होती है। सद्भावनाओं द्वारा प्राणियों में प्रेम की लहर रहती है। ऐसे व्यक्तियों में निन्दा करने की आदत नहीं रहती। उत्तम गुणों की परख उत्तम बुद्धि का प्रमाण होती है। नापतौल कर बोलने और चलने वाला सुखी रहता है।

मनुष्य को ज्यादा सोच-विचार में भी रहना अच्छा नहीं, अपने ही गुण-दोष नहीं देखते रहना चाहिए। अच्छे बुरे गुण अवगुण होते ही हैं। समय के परिवर्तन के साथ-साथ भी गुणों की प्राप्ति होती है। अपनी ही बुद्धि और मन से बढ़ कर कहीं शान्ति नहीं मिलती। मन भी एक बहुत बड़ा तीर्थ स्थान है। ज्ञान भी कोई चीज़ नहीं, अपने आप में लीन रहने वाला अनेक बुराइयों से बचा रहता है।

— इति

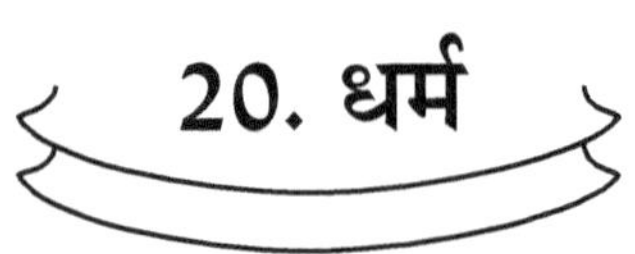

20. धर्म

संसारी मनुष्य अपनी-अपनी परंपरा से प्रचलित रीतियों पर निर्धारित धर्म को मानते आ रहे हैं। धर्म में अपनी-अपनी भाषा अनुसार विचार पूर्वक धर्म अनुसार सिद्धान्तों को सूक्ष्म रूप में विचाराधीन रखा गया है। इसमें यही विशेषता है कि बनाए गए तथा माने गए सिद्धान्तों को मन की प्रेरणा द्वारा किया जाए। केवल मन को मनाने वाला साधन है जिसमें मन की सत्यता का सहारा लिया जाता है — इस प्रकार मन संतुष्ट रहता है। मन की प्रसन्नता में ही भगवान जी की प्रसन्नता समझ लेना उचित होती है।

सदाचार या चरित्र के गुणों की रक्षार्थ सत्य शुभ नियमों द्वारा मन को तीन लोक के मालिक जी की ओर कर देने से सुख शान्ति की प्राप्ति होती है। यही नियम बन जाता है। नियम ही धर्म का बोध समझा जाता है जिससे मन में शान्ति के अदृश्य तत्त्व उत्पन्न होते चले जाते हैं। यह सब मन की कल्पनाएं होती हैं, जिनसे मन विचार करने में उन्नति प्राप्त करता रहता है तथा मन का चलन प्रभावित हो कर निर्मलता में परिवर्तित होता रहता है। यदि ऐसा न हो तो धर्म अनुसार सीमित सिद्धान्तों को मन द्वारा अपनाया नहीं जा रहा होता, समझना चाहिए। फर्ज भी धर्म है। सत्य तथा शुद्ध भावना युक्त किए गए कार्य धर्म ही समझे जाते हैं तथा परिणामस्वरूप, फल स्वरूप होते हैं जिनसे मन में शान्ति का बोध होता है। धर्म के कार्यों में मन में इक लहर सी अनुभव होती प्रतीत होती है। उचित कार्यों में मन की लगन का होना अत्यन्त आवश्यक है। धर्म की परिभाषा को समझने से ही धर्म को समझा जाता है। धर्म के कार्यों में रुचि, मन की लगन द्वारा समझी जाती है। धर्म के प्रति कही गई परिभाषा भी धर्म की सत्यता

के बोध को प्रकट नहीं कर पाती। इसमें भी विशेष अन्तर तथा विशेष रहस्य छुपा हुआ है, जो कि बुद्धि की विशेष विचारधारा की कल्पना से मक्खन की तरह देखा गया, अनुभव किया जा सकता है। यदि मनुष्य में अनुभव करने की क्षमता नहीं तो धर्म-धर्म कह कर पुकारना भी किसी सत्यता के गुण को न परखने के बराबर है। फर्ज समझ कर धर्म के कार्य करना उचित है। धर्म के पालन करने योग्य कार्य भी कई बार पीछे रह जाते हैं। धर्म-कर्म में भी संस्कृति सहायक रहती है।

ईश्वर की ओर ध्यान देने या उस अनुसार कार्य करने से मनुष्य उचित एवं शुभ गुणों की विशेषता से युक्त होता है। श्रद्धा अनुसार सभी कार्य आत्मा के निमित्त गिने और समझे जाते हैं। इन्हीं से मन में शान्ति उत्पन्न हो कर आत्मा को प्रेरित होने का अवसर प्राप्त होता है। आत्मा में प्रेरणा आते-आते आत्मबल बढ़ जाता है। जिसके कारण मनुष्य किसी वस्तु या रहस्य के रहस्य को समझने में दक्ष होते-होते सफल हो जाता है। बुद्धि में प्रवीणता आ जाने से ही उचित अनुचित बोध के भाव को समझने की क्षमता प्राप्त होती है। इस स्थिति में आ जाने के बाद प्राणी के मन में जागृति के तत्त्व अपने आप उत्पन्न होने आरंभ हो जाते हैं। मनुष्य के मन में धर्म-कर्म की पुण्य रुचि बढ़ती है। रुचि मन और बुद्धि की एकाग्र अवस्था होती है। इस स्थिति में मनुष्य जिस भी ओर अपना ध्यान देना चाहे उसे सफलता प्राप्त होती है।

— इति

21. अधर्म

प्राय: समाज के विरुद्ध किए गए कार्य अधर्म समझे जाते हैं तथा दण्डनीय होते हैं। असत्यता, निर्दयता, विरोध, ईर्ष्या, बुरा-भला कहना, चोरी, डाका, पर स्त्री पर आँख रखना, षडयन्त्र रचना, झूठा दिलासा देना, काम से जी चुराना, बहकाना-फुसलाना, समय को उचित कार्यों में न लगाना, अपमान करना, घृणा करना, हठ करना, गलत कार्य में रुचि रखना, मिथ्या अकड़ में रहना, निन्दा करना, ईश्वर की सत्ता को असत्य मानना, तीन लोक के मालिक जी को अवतार का रूप देना, अनुचित कार्य और अनुचित वस्तुओं में मन लगाना, सब अधर्म में समझा जाता है, मन के असत्य भाव भी अधर्म ही में समझे जाते हैं। अधर्म के कार्यों में मन बंधन में नहीं होता। अधर्म के कार्यों को कर गुजरने के बाद मन की बेचैनी बढ़ती है। मन में चेतावनी के रूप में आई हुई वाणी जिस को मनुष्य भांप सके अधर्म और धर्म की सत्यता का प्रतीक होती है। अत: मन की मन्शा अनुसार अपने आप को सत्य और असत्य विचारों में परख करने के बाद धर्म और अधर्म के प्रति समझा जा सकता है।

— इति

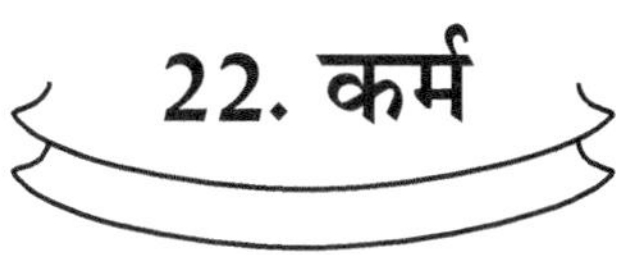

22. कर्म

मन तथा बुद्धि के एकत्रित बल द्वारा की गई साधना को कर्म कहते हैं। जीवन के भार को कार्य विधि के रूप में हल्का करने को भी कर्म ही कहते हैं। कार्य या कर्म में मन की प्रकृति की एकाग्रता तथा उत्तम बुद्धि का होना उचित रहता है। पूजा-पाठ और जप-तप के निमित्त कर्म योग, हठ योग, बल योग तथा बुद्धि की उत्तमता की विचारधारा और मन की सत्य लगन की रुचि का होना जीवन को सुखी बनाता है। मनुष्य की कर्म गति में बड़ा रहस्य लुप्त रूप में केवल समझने को मिलता है। मन की लगन और बुद्धि को समझने के बाद ही मनुष्य कर्म गति के फल को भांप सकता है। यदि भांपने की शक्ति की क्षमता नहीं हो तो समझो समझने की क्रिया की क्षमता भी नहीं है। फलदायी कर्म भी बनते-बनते मिट जाते हैं। कर्मों के फल भी इसी जीवन में मिल जाते हैं। कर्म गति को सफल बनाने के लिए इसी जीवन में कुछ करना उचित है। मन की सत्यता, शुद्ध चरित्र, स्मरण, सहन शीलता, कुशलता बोध तथा बुद्धि की उत्तम विचारधारा मनुष्य को ईश्वरीय गुणों के सन्निकट ले जाते हैं। यह सब गुण होने से मनुष्य उत्तमता को प्राप्त होता है। इससे मन को शान्ति मिलती है और आत्मबल बढ़ता है। इससे आत्मा पवित्र हो कर पुनः जन्म के रूप में आ जाती है। पवित्र आत्मा होने से आत्मा के रूप में भी जीवन ही को समझा जाता है। स्वतंत्र पवित्र आत्मा होने से प्रभु जी के चरणों में स्थान प्राप्ति होती है। परन्तु अपनी बुद्धि की परख होना अत्यन्त आवश्यक होती है।

— इति

23. मुहूर्त

मन कल्पनाओं का केन्द्र है। इन कल्पनाओं द्वारा ही मन की सीमा असीम हो जाती है। इन कल्पनाओं के सहारे ही मनुष्य अपने जीवन में प्रभु जी की क्षमता को समझने योग्य हो जाता है। केवल मन की धारणा और मन की उमंग ही मन को शान्ति प्रदान करती है। मन की एकाग्र स्थिति में होते-होते कल्पनाओं के सहारे मनुष्य ज्ञान के अथाह समुद्र को भांप पाता है। मन ही द्वारा प्रेरणा और मन ही द्वारा शान्ति प्राप्त होती है। किसी भी समय में मन में शंका और बुरे भाव उत्पन्न होने के बाद मिटा देने चाहिए। किसी भी कार्य के लिए पवित्र मन के अतिरिक्त अन्य मुहूर्त नहीं होता। मन बड़े से बड़े तीर्थ स्थान से बड़ा होता है।

— इति

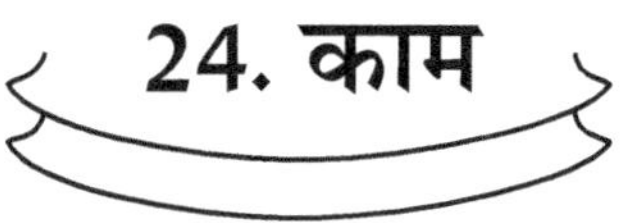 24. काम

मन की उन्माद की अवस्था को काम के नाम से पुकारा गया है। यह सभी जीव जन्तुओं में व्याप्त रहता है। मनुष्य में आत्मबल होने से इससे न लाभ है न हानि। इससे मन को शान्ति प्राप्त होती है। इसके ऊपर किसी का काबू नहीं। यह सभी को आकर्षित करता है। इसकी किरणें मन और बुद्धि में प्रतिक्षण ही उदय सी रहती हैं। यह किसी भी प्रण कर लेने वाले मनुष्य के बस का नहीं। जिस प्रकार पानी का बहाव नहीं रूक सकता उसी प्रकार यह भी अपनी क्रिया में अन्तर नहीं आने देता। इसमें प्रण रखना इतना ही सत्य है, जितना की पानी की क्रिया में सत्यता है। पानी अपना रूख तो बदल सकता है परन्तु अपनी क्रिया नहीं बदल सकता। काम मनुष्य को ठंडा कर लेने के बाद ही मन में सन्तोषजनक किरणें प्रवाहित करता है। इसे बंदिश में कर लेने के बाद बुद्धि में उजाले का प्रकाश होता है। कामदेव को बस में कर लेने के बाद बुद्धि विशालता को प्रकट करती है। इसकी विशालता उत्साहित बनाती तथा आत्मबल को बढ़ाती है। इसी के फलस्वरूप मनुष्य भगवान जी की सत्ता को जानने का इच्छुक हो जाता है। लगन अनुसार प्रयास के लिए प्राकृतिक बुद्धि का होना आवश्यक है। बुद्धि और समय की परख अनुसार प्रत्येक कार्य में सफलता प्राप्त होती है। बाधाएँ और अड़चने भी बुद्धिमान मनुष्य के सामने ही आती हैं क्योंकि वही तीक्ष्ण बुद्धि द्वारा विचार विमर्श कर सकता है।

— इति

25. क्रोध

क्रोध सांप के डंक के तुल्य है। मन की दूरदर्शिता बुद्धि बल पर निर्धारित रहती है। इसका चिह्न या नक्शा अदृश्य रूप में एक कल्पित फूल के से आकार में होता है। यह कई प्रकार से खुलता और बन्द होता रहता है। मन की ग्लानि, चिन्ता, द्वेष तथा बैर विरोध की अवस्था में इसके ऊपर क्षणिक दवाब पड़ता है, परन्तु बुद्धि इस अवस्था में भी काम करती है। कुछ काल तक प्रतिकूल अवस्था के गुण मन तथा बुद्धि में दवाब के कारण उभर आते हैं जिनको इस कालीन अवस्था में दूषित परिणाम युक्त समझना कठिन हो जाता है। इस समय अपने आप को काबू में कर लेने के बाद ही क्रोध को बस में कर लिया जा सकता है। इसमें बुद्धि की विशालता का होना अत्यन्त उचित एवं लाभकारी होता है जिसके फलस्वरूप मनुष्य आँधी और प्रलय के सामने भी अपनी रक्षा कर सकता है।

क्रोध की अन्य स्थितियां तथा उनसे निवृत्ति निम्नलिखित दशाओं में होती है। दुख कलह, क्लेश, दरिद्रता तथा अधम बुद्धि द्वारा क्रोध की अग्नि मन और बुद्धि को उत्तेजित करती है। सहनशीलता, शान्त स्वभाव, उचित सत्य चलन के शुभ गुणों तथा समय और मनुष्य की परख करने की क्षमता द्वारा क्रोध की अग्नि ठंडी हो जाती है। मनुष्य क्रोध की अग्नि को अपने मन और बुद्धि को बस में रखते रहने की क्रिया के प्रयास द्वारा दूर कर सकता है। चरित्रवान व्यक्तियों की कहानियां, अच्छे लेखकों के लेख तथा ऋषि-मुनियों की वाणी द्वारा नीतिवान व्यक्तियों के मन प्रभावित होते हैं। जिसका मन शान्त नहीं रहता, घर-घर डोलने वाला, जिसके मन में आँख और मन न हो, शीघ्र प्रभावित होने वाला, डावांडोल नीति का, जिसके मन में प्रभु का भय न

हो, जो अपने आप को गुणों वाला समझता हो, वास्तविक चलन कुछ और हो, जिसे गुण-अवगुण में बोध न हो सके, स्वयं को नेता समझता हो, चाल चलन मूर्खों जैसा हो, छुप कर वार करने का आदी हो, जिसके मन में सामने कुछ, परोक्ष में की गई बातों में कुछ और विभिन्नता हो, मीठा बन कर निन्दा करने का आदी हो, जो धर्म तथा अधर्म की वास्तविकता को न जान सके — इस प्रकार के मनुष्य महा मूर्खता का कार्य कर गुजरते हैं। ऐसे ही मनुष्यों के मन में क्रोध का असर रहता है। ऐसे व्यक्ति अपने तथा सम्पर्क वालों के लिए घातक सिद्ध होते हैं।

घर की छोटी-छोटी बातों के ऊपर, आपसी सम्पर्क के व्यक्तियों के भाव के कारण तथा अज्ञात भूले भटके राही भी आपस में टकरा बैठते हैं तथा वार्तालाप के समय जोश में आ जाने को क्रोध नहीं कहते। क्रोध के रहस्य का तात्पर्य मन तथा बुद्धि की नीचता प्रकट करने से है।

— इति

26. लोभ

माया रूपी संसार आकर्षक सिद्धान्तों का स्रोत है। बुद्धिमता की झलक, आँखों की चमक तथा पुतलियों के नृत्य पर बुद्धि बल द्वारा ही प्रकट होती तथा तारों की तरह चमक कर ओझल हो जाती है। आँखों और मन के सहयोग युक्त बुद्धि निश्चित स्थिति के वृतान्त को आँखों में ही तोल कर एक लक्ष्य बना लेती है जो कभी अच्छा कभी बुरा साबित होता है। अपनी ही आँखें चाल में ले कर माया में लीन करने को उद्यत करती है। अपनी ही बुद्धि उपाय बताती तथा माया जाल से बाहर निकालती है। बुद्धि में सद्भावनाओं के अभाव में लालच उत्पन्न हो कर अधिकतर मन को प्रभावित करती है। मन प्रत्येक वस्तु तथा विचारधारा को आकर्षित करता है। मन को बुद्धि का सहारा मिलने से रुकावट नहीं आती। माया के नशे में बह जाने को लालच कहते हैं। लालच लोभ में परिवर्तित हो जाता है। सांसारिक वस्तुएँ क्रियाएँ और दृश्य मन तथा बुद्धि को हर लेती हैं। मन तथा बुद्धि को हर लेने में मन की लीनता भी होती है। मन की लगन भी बुद्धि तथा मन को हर लेती है। लगन प्रभुजी की ओर हो जाने से लोभ इतना प्रभावित नहीं करता। शुद्र विचारधाराओं से संसार की वस्तुओं में अधिकतर लीन रहने से मन तथा बुद्धि में व्याकुलता रहती है। व्याकुलता मन की दृढ़ता को खो देती है। मन कई दिशाओं में घूम जाता है, इसी कारण सामने आई वस्तु या वस्तु की; कई चेष्टा मन और बुद्धि को उसी की प्राप्ति के लिए बेचैन कर देती है। वस्तु प्राप्ति के उपरान्त मन कुछ और लालायित हो जाता है तथा आदी ही बन जाता है। ऐसे मनुष्य को अनुभव तक नहीं होता कि वह आदी हो गया है। बहुत कम लोग अपनी आदत जान पाते हैं। आदत को भांपना या त्रुटियों को पहचानना अच्छे गुणों की प्राप्ति की ओर

हो जाने का प्रयास समझना चाहिए। लोभ या लालच मनुष्य की कीमत घटा देते हैं। इनमें से गुजर कर मनुष्य के मन को शान्ति नहीं मिलती। साधारण वस्तुओं और तुच्छ मात्रा में लोभ हानिकारक नहीं होता। एक प्रकार की आदत ही बन जाने से यह अच्छा नहीं होता। मन दबाने से भी न दबे, तो लोभ के कारण बड़े-बड़े पाप भी हो जाते हैं। ऐसे समय में मनुष्य हानि और लाभ के प्रति सिर नीचे किए मन ही मन में सोचता है।

— इति

27. मोह

इसमें मन की आकर्षण शक्ति और इसे आकर्षक करने वाले दृश्य और अदृश्य तत्त्व तथा भाव प्रधान है। ममता और स्नेह का भाव परिपूर्ण होता है। मन की प्रकृति की लगन में अनेक गुण हैं। एक ही दिन में मन कई प्रकार के गुणों के विचारों में से गुज़र जाता है। मन में कई भाव उत्पन्न होते हैं तथा कई उत्पन्न हो कर ओझल हो जाते हैं। कई मन में आते-आते मिट जाते हैं। तथा मन के ऊपर स्वप्न की तरह अपनी छाप या अस्तित्व छोड़ जाते हैं। कुछ भाव मनुष्य को हवा में उड़ाए फिरते हैं कुछ जागृति प्रदान करते हैं। कई भाव (या किरणें) चेतना सम्बंधी होते हैं। कई भाव मस्तिष्क की क्रिया में आते-आते समाप्त हो जाते हैं। कई भाव चिन्तन की रुचि जगाते हैं, कई भाव चिन्ता उत्पन्न करते हैं। कई भाव मन पर दवाब डालते हैं, कई अपना अधिकार जमा कर बैठ जाते हैं। कई भाव सेवा के भाव में उमड़ आते हैं, कई स्नेह युक्त होते हैं। कई भाव दुखदायी होते हैं बहुत से मन लालायित कर देते हैं, कई भाव बुद्धि को उत्तेजित करते हैं, कई मन में प्यार बन कर मनुष्य को खींचते हैं। मन की क्रिया में जो भी भाव आते हैं सब मस्तिष्क की क्रिया के अच्छे और बुरे गुणों को दर्शाते हैं। मनुष्य का मन भाव की क्रिया से किसी भी समय में खाली नहीं होता, क्योंकि वायु का वेग प्रतिक्षण समय की लहर के साथ-साथ चलता हुआ प्रतिक्रिया में ढलता हुआ पीछे की ओर चलता रहता है और उसका भावी परिणाम आगे को सरकता रहता है। परन्तु जीवन में सब कुछ वर्तमान क्रिया में समझना उचित होता है तथा वर्तमान क्रिया में ही सब कुछ समझा जाता है। भाव केवल मन के विचार ही होते हैं। इनका मन के ऊपर प्रभाव पड़ता और मिटता रहता है। मोह की विशेष अवस्था में एक ही अविरत

विचारधारा में हो जाने से मनुष्य को कुछ और पता नहीं चलता। इसमें शुद्धता नहीं रहती। यह मन की मलिनता के कारगर होता है। आँखों द्वारा लालायतपन सौन्दर्य और छवि के ऊपर चमकता हुआ पड़ता है। यह मन की मलिनता होती है। मन जिस भाव से आँखों में से हो कर देखता है उसी ओर को दौड़ने लगता है जिसके कारण अच्छे और बुरे गुण उत्पन्न होते हैं। मोह इतना बुरा नहीं इसी से अच्छे और इसी से बुरे गुणों की प्राप्ति होती है। मोह में वशीभूत होकर बुरी दृष्टि पाप की क्षमता को बताती है। मोह मनुष्य की नज़र के साथ-साथ रहता है। प्यार भी मन के मोह में ही समझा जाता है। मनुष्य की एक ही पत्नी और एक पत्नी का एक ही पति होता है। इस रीति को संसार के लोगों ने ही गलत कर रखा है। मन के भाव छुपे नहीं रहते, न मन में कोई बात छुपी रहती है। शरीर में भी कोई चीज अन्दर ही नहीं रह जाती। प्यार की लपेट में जिसे पाप की लपेट समझा जाता है, बहुत कम मनुष्य समझ पाते हैं। हाव भाव द्वारा मनुष्य की कुल पवित्रता का पता चल जाता है। यह बात मनुष्य की बुद्धि और परख पर निर्भर करती है। अंधेरा और उजाला देख कर या झलक देख कर अपने आप नज़र उठ जाती है। इसमें क्या है — यहीं से मनुष्य की बुद्धि और रुचि का पता चलता है तथा उसकी सत्यता, उसके हाव-भाव और आँखें बता देती हैं।

साधारण रूप में मोह कुछ भी नहीं। इसमें किसी का दोष नहीं। अपने-अपने भाव और स्वभाव के अनुसार सब भटके हुए हैं। मन चाही प्रवृति अनुसार लगन सब में होती है। कोई जो भी कुछ करता है उसके लिए अच्छा है। अज्ञानता में मन से अच्छा समझ कर कुछ कार्य करना दोषी नहीं ठहराता। सबकी विचारधारा एक सी नहीं होती। इसीलिए एक दूसरे की सलाह की आवश्यकता पड़ती है। मोह में सारा संसार है। इससे किसी को निवृति नहीं मिलती। मोह भी संसार में ही रहते हुए होता है। जब मोह से निवृति नहीं और इसी में आठों पहर रहना पड़ता है तो इसको ही बुरा समझना बुरा है। इसके बिना भी जीवन नहीं। इसी से घृणा और इसी में डुबे रहना मनुष्य के मन की जीवन कहानी है। अच्छी-बुरी बात मनुष्य का मन मनुष्य को जता देता है। अपने मन को परखते रहने से अच्छे भाव और अच्छे गुणों की प्राप्ति होती है। मन द्वारा अच्छा करने से बुरे भाव दब जाते हैं। मोह तथा अपशगुन विचार होने से भी पुण्य कर्म नहीं दबते। परन्तु पाप की मात्रा बढ़ जाने से पुण्य कर्म भी दब जाते हैं। तपस्या करने वालों

को ईश्वरीय सत्ता के निकट जाते-जाते पाप और पुण्य के प्रति ज्ञान हो जाता है। मनुष्य जीवन की छोटी सी अवधि में अपशगुन के प्रति इतना सोच विचार करना अच्छा नहीं होता। परिवर्तनशील काल में कोई वस्तु चिरस्थाई नहीं। अपने मन को इतना छोटा नहीं करना चाहिए, जिसका गिला अपने ही मन से करना पड़े। अपने लिए कुछ भी धन या खाद्य वस्तुओं को एकत्रित कर रखना लोभ नहीं होता। जो मनुष्य अपने लिए नहीं सोच सकता उसके लिए अन्य व्यक्ति भी सहारा नहीं बनते।

— इति

28. माया

काम, क्रोध, लोभ, मोह और अहंकार सब माया में ही गिने जाते हैं। संसार में मनुष्य की बुद्धि की चतुराई की परख उदय होने के लिए इन रहस्यों में से गुजरना पड़ता है तथा यही उनकी अंतरात्मा की शुद्धि की परख के लिए माया का एक जाल है। माया के परों को काट कर ही मनुष्य ईश्वरीय महत्ता के गुणों को समझता है तथा ईश्वर के समीप पहुँचता जाता है। माया में धरती से आकाश तक के गुण ज्ञात तथा अज्ञात रूप में भाव अनुसार मन ही मन में प्रकाशित हो जाते हैं तथा अभाव अनुसार छुपे रह जाते हैं। इसके प्रति ऋषियों द्वारा वर्णन होता रहा है तथा समय–समय अनुसार होता रहेगा। इस प्रकार के वर्णन में असीम रहस्य समाए रहते हैं, जो समय के परिवर्तन के साथ–साथ ऋषियों द्वारा– मनुष्य मात्र के कल्याण के लिए खुल जाते हैं। मनुष्य मात्र की बुद्धि इतनी तीक्ष्ण नहीं होती, अत: इनको इस प्रकार के रहस्य की किरणों का ज्ञान नहीं हो पाता। मनुष्य में प्रतिपल की परख करने की न्यूनता होती है। जिस काल में सत्य की ओर बढ़े हुए व्यक्तियों को दर्शन प्राप्ति होती है, उस काल में अन्य प्राणी अपने आप को अत्यन्त बुद्धिमान समझ बैठते हैं। वह दर्शन प्राप्त की ओर ध्यान नहीं दे पाते। जीवन को जन्म और मृत्यु तक की कहानी ही समझा जाता है। ज्ञान भी बुद्धि की विशालता तक का ही होता है। अधिकतर पुस्तकों में छुपा हुआ ज्ञान मनुष्य के हृदय को विशाल बना देता है। संसार का ज्ञान एक अल्प कहानी है, ईश्वरीय सत्ता के ज्ञान की विशालता में छुपे हुए गुणों के रहस्य का लुप्त ज्ञान का भंडार है जिसको मनुष्य बुद्धिबल के अभाव में समझने में असमर्थ रह जाते हैं। इस ईश्वरीय ज्ञान को जो स्वयं तीन लोक के मालिक जी की वाणी है, जो भी मनुष्य पढ़ कर समझने की चेष्टा में रहेगा, अपने जीवन को सफल बना लेगा।

— इति

29. अहंकार

अहंकार के प्रति प्राचीन काल के ऋषियों की आवाज़ लिपिबद्ध होने से गूंजती सी अनुभव होती है। अहंकार के तत्त्व, गुण प्रत्येक प्राणी में होते हैं। यह शनै: शनै: उचित क्षमता शक्ति को क्षीण करते हैं। इस द्वारा क्षीण होने की क्रिया मनुष्य की समझ से सर्वथा बाहर रहती है। मनुष्य को न अहंकार का पता चलता है, न अपनी शक्ति क्षीण होने का क्योंकि किसी भी विषय में लीन हुआ हुआ प्राणी अपने आप को भूला हुआ सा होता है तथा समय की लहर उसे व्याप्त अवस्था में रखती है। केवल अपने आप को समझने की स्थिति में, बल, बुद्धि और चतुराई का पता चल जाता है। बुद्धि द्वारा छानबीन करने की शक्ति गुप्त रूप में छुपी रहती है परन्तु इसे उपयोग में लाना सरल नहीं होता क्योंकि मन की सत्य स्थिति की चाल को समझना कठिन रहता है।

मन में एक प्रकार की हवा सी हवा और लहर की लहर प्रवाहित रहती है। जो सांस की क्रिया में भी उतार-चढ़ाव का कार्य करती है। यह मन तथा बुद्धि द्वारा मनुष्य को राजा बना देती है। इस प्रकार मनुष्य यथाशक्ति से बाहर हो जाता है। यह भेद मनुष्य की समझ में इतनी सरलता से नहीं आता। ऋषि जन तक भी इस लहर को समझने में असमर्थ रहे हैं। इतना अवश्य भांप पाएं हैं कि अहंकार भी होता है, जो कभी घटता बढ़ता रहता है। यह सर्वथा मन की दूरदर्शिता के अभाव में होता है।

दूसरे शब्दों में यह कहना भी उचित है कि मनुष्य मात्र का इसमें दोष नहीं। दोष को परम्परागत की त्रुटियाँ कहना ही सत्य है। इसी कारण इसके अतिरिक्त इस प्रकार के अन्य अवगुणों को भी दूर करने या होने का समय न आ सका। यह अहंकार जो अल्पमात्रा में मनुष्य में होता है, मन की गति को धीमा करने से बुद्धिबल की योग्यता

द्वारा ही दूर किया जा सकता है। शान्त स्वभाव में भी अपने आप दूर रहता है। हृदय में दया उत्पन्न हो जाने से अहंकार नष्ट हो जाता है। समय-समय पर उभर आने वाले दया के तत्त्वों द्वारा अहंकार नष्ट नहीं होता, इसके लिए मनुष्य की स्वभाविक क्रिया का होना ही अच्छा रहता है। प्राय: अहंकार — सेवाभाव के समय, पूजा-पाठ के समय में, नम्रता भाव के गुणों के उपयोग के समय में, एक दूसरे की गाथा सुनते-सुनाते समय में, वार्तालाप के समय में, भाषण के समय में, प्रचार के समय में, दया शीलता की लहर उत्पन्न होने के समय में, मन की प्रकृति तथा बुद्धि के अभाव में टपक ही पड़ता है। मनुष्य अहंकार को पूर्णतया त्यागने में, मन तथा बुद्धि की विचारधारा की अनन्य किरणों की त्रुटि होने के कारण, असमर्थ रहता है। इन अवस्थाओं में इसका असर किसी भी ओर हानिकारक नहीं रहता। केवल मन के ऊपर तनिक प्रभाव पड़ता है। अहंकार मनुष्य को त्यागता नहीं। इस प्रकार की प्रकृति का मनुष्य भी सत्य गुणवान ही समझा जाता है, क्योंकि उसे इन विशेषताओं की अल्पमात्रा का ज्ञान नहीं होता। किसी वस्तु का ज्ञान न होना भी मनुष्य को शान्ति में रखता है। शान्ति अपनी समझ की सीमा तक ही समझी जाती है।

इस स्थिति से अधिक होने की क्षमता में मनुष्य की चित्तवृत्ति उसे अपने होश में नहीं रहने देती। संसार के कुछ लोगों का कहना है कि मन में कुछ चैन सुख आराम नहीं है क्या कारण है जो चिन्ता सताए रहती है। इसके उपाय के लिए भी उपाय बतलाने वाले के पास जाते रहते हैं। यह सब कुछ अपनी ही चित्तवृत्ति होती है जो मन को चिंतित और व्याकुल अवस्था में रखती है। ऐसा प्राय: अहंकार और बुद्धि हीनता के कारण होता है। इस अवस्था में जो भी मनुष्य करता है, वह नशे में और यही समझ कर करता है कि सब कुछ भगवान का ही आदेश है। कुछ लोगों को मन में डर का आभास नहीं होता, वे अनुभव न कर सकने वाली स्थिति में होते हैं।

मनुष्य मूर्तियों के सामने पिघल जाते हैं, भोले-भाले बन कर क्षण भर के लिए अपने आप में शान्त हो जाते हैं। सब मन की चालें हैं, मन की चाल को मन के साथ-साथ चल कर समझने में कुछ समझ आता है। मनुष्य की पुकार ही पुकार है जिसके आधार पर सत्यता का सहारा निकट आता है। मन केवल उपाय से धुलता है किसी नियम को अपनाने से निर्मलता आती है।

अहंकार अच्छे गुण आने के बाद तथा पहले भी अपनी लपेट में ले लेता है। यह उन व्यक्तियों के भाव में भी टपक पड़ता है जिनमें अहंकार नहीं होता, इसकी उत्पत्ति अच्छे गुणों के साथ-साथ होती है। इसकी उत्पत्ति चेहरे या बातों से नहीं, अपितु आँख से झलक पड़ती है। मन की स्थिरता के सहारे ही आँखों में स्थिरता रहती है। मन की सच्चाई का उदाहरण मनुष्य की सत्यता के प्रति अपने आप सही हरकतों से मिलता है। ऐसे मनुष्य का मन अपने बस में होता है। ऐसे आदमी बेकार की बातों को पसन्द नहीं करते। उनकी बातें सही, सत्य तथा स्थिरता को प्रकट करती हैं।

इसके अतिरिक्त भी अहंकार की अदृश्य किरणें मन तथा बुद्धि की बदौलत उभरती और मिट जाती हैं। अहंकार की अधिकता ही पाप में गिनी जाती है। न्यून स्तर तक इसका कुछ भी असर नहीं होता। लोग अहंकार के प्रति प्राय: वाद विवाद भी करते हैं। उनको केवल शब्द अहंकार का पता है - इसकी चर्चा करते हुए भी इसके तत्त्व मन में आते और मिट जाते हैं। इसको इतना बुरा नहीं समझना चाहिए। जीवन में सारे गुण रहते ही हैं परन्तु परख करने वाला गुण हो तो सारे अवगुण दूर हो जाते हैं। अपने आप में एहसास करने वाला भी गुणी ही समझा जाता है। केवल इसके न होने से भी इतना शुभ नहीं हो जाता और किंचित मात्र तक इसके होने से भी हानि नहीं।

अहंकार में क्रुद्धता के अंश होते हैं। आग्रह में भी क्रुद्धता के अंश होते हैं। आग्रह अधिकतर अच्छी वस्तुओं के लिए होता है परन्तु इसमें बुद्धि का प्रयोग न होने से यह अहंकार में बदल जाता है। किसी भी कार्य को आरंभ करने में मन और बुद्धि की दीप्त अवस्था प्रकट होती हुई अनुभव होती है। मन और बुद्धि द्वारा ही प्रत्येक वस्तु समझी तथा भांपी जाती है, जो आँखों के तराजू से बाहर नहीं होती। आँखों ही में तुलते हुए रहस्य प्रकट होते हैं। आँखों द्वारा ही बुद्धि की किरणें लोगों के मन में उतर कर सही रहस्य को मन में खींच लेती हैं। आँखों में ज्योति न होने के कारण भी बुद्धि के आदेश को आँखें ही प्रकट करती हैं। आँखें ही धरती और आकाश की तस्वीर हैं। इन्हीं से प्रत्येक वस्तु तस्वीर के रूप में बुद्धि में आती हैं और इन्हीं में समा कर अन्त भी होता है। मन, बुद्धि और आँख ज्ञान के स्रोत को समझते और दुनियां को दर्शाते हैं।

— इति

30. अमर आत्मा

अत्यन्त शुद्ध एवं शुभ कर्मों के आधार पर या प्राणी के मन की लगन सदैव ही मनपसन्द शुभ कार्यों की ओर घिरी रहती है। मन में सत्यता से सींची गई दृढ़ता के आधार पर मस्तिष्क की विचारधारा उच्च स्तरीय हो कर आत्मा को प्रत्येक रहस्य में सफल बनाती है। यही मनुष्य को सत्य प्रभु जी की ओर झुकाती है। इस समय मन, बुद्धि और आत्मा का समागम हो जाता है। सत्य श्री सच्ची शक्ति जी के स्वामी (गुरुजी यानी स्वयं सर्वश्रेष्ठ शक्तिमान) प्राण वायु प्रदान किए गए जीवों के मालिक जी की अपार कृपा दृष्टि, लहर की तरह सत्यात्मा प्राणी की ओर हो जाती है। पग पग पर परख होनी आरंभ हो जाती है। यह परख कई प्रकार की शक्तियों द्वारा होती है। इस परख के समय मनुष्य की शक्ति दुर्बल पड़ जाती है। मनुष्य उत्साह हीन हो कर घबरा जाता है। अनेक रूपों में की गई परख मनुष्य को भयभीत कर देती है, इस परख के समय में वह अपने आप तक को भूल जाता है। उसके मस्तिष्क की क्रिया और की गई परख एक हो जाती है। इस समय मन, बुद्धि और आत्मा तक भटक जाते हैं। अधिकांश सत्यता के कारण ही परख की जाती है। बुद्धि की मन्द गति द्वारा मनुष्य को कुछ-कुछ अपना पता चलता है। आत्मा सत्यता के कारण प्रभुजी में लीन हो जाती है। माया द्वारा अनेक दृश्यों में से गुजरता हुआ मनुष्य अनुभव तक नहीं कर सकता कि क्या कुछ हो रहा है और आगे क्या होगा। इस अवस्था में मनुष्य अचेत हो जाता है। इस स्थिति को मनुष्य केवल पढ़ लेने से ही नहीं समझ सकता, परन्तु बुद्धि बल द्वारा कुछ अनुभव कर सकने में सफल हो सकता है। इस स्थिति में अपने आप को कभी मनुष्य जमीन पर और कभी आसमान में उड़ता हुआ अनुभव करता है, कभी जीवों

के अन्दर जा कर अपने आप को समझता तथा कभी जमीन के बीच में भी जाता हुआ और पानी में उतरता हुआ समझता है। अपने आप में कई रूपों को देखता है। इस समय कई प्रकार की सत्यताओं के प्रति ज्ञान हो जाता है। मनुष्य की आत्मा सारे ब्रह्माण्ड में भ्रमण करती है, मनुष्य स्वयं ही को आत्मा के रूप में नहीं बल्कि यथार्थ रूप में ही सूर्य की तपिश के निकट और तारा मण्डल में से हो कर निकलता हुआ अनुभव करता है, यह भी पता तक नहीं चलता कि प्राणी का निज स्थान है कहां। आत्मा की न्यून यथा शक्ति में दर्शन प्राप्त कर्त्ता को सारे ब्रह्माण्ड के चमत्कारों में से नहीं गुजारा जाता। धरती पर ही अनगिनत चमत्कारों के रूपों में से गुजारा जाता है। स्वर्ग धाम कोई धरती का सा स्थान नहीं। वह स्वयं भगवान जी की माया का एक जाल है जो सत्य है उसी स्थान में आत्माएँ भ्रमण में रहती हैं, यह काल्पनिक स्थान है। यहां पर आत्माओं को भी पता नहीं चलता कि यह है क्या, एक नगर की तरह नगर, एक बस्ती की तरह बस्ती, उद्यान की तरह उद्यान, प्रतिक्षण महक से परिपूर्ण स्थान सा ही स्थान अनुभव होता है। यहीं पर अनगिनत देवताओं का स्थान है। यहां पर हवा ही ऐसी है जिसमें प्रत्येक रंग में मन चाहे स्वप्न पूरे होते हैं। यहां आत्मा प्रत्येक दशा में प्रसन्न रहती है। कई प्रकार के लिबास में यहां का दृश्य ही कुछ और है। यहीं परियों का देश या स्वर्ग है। यहां आने के बाद मन भरा रहता है। सैर करने का एक आनन्दित स्थान है। प्रत्येक नर नारी के सिर के बाल (केस) लम्बे और मन मोहक लगते हैं आत्माओं के रूप में शरीर की छवि जादू से कम नहीं है जिसमें खो कर भक्त या ऋषि संसार से विरक्त हो जाते हैं। जिस भी काल में किसी सत्यात्मा प्राणी को सत्यता के आधार पर स्वर्ग में रहने के लिए अनुमति प्रदान करने उपरान्त लिया जाता है उस समय अन्य आत्माओं द्वारा उसकी परीक्षा ली जाती है। इससे पहले कि प्राणी की आत्मा को पुण्य कर्मों के आधार पर बैकुण्ठ धाम के लिए चुना जाए, उसकी जीवित काल में परीक्षा आरंभ हो जाती है। यही आत्माएँ स्वतंत्र पवित्र होती हैं। स्वर्ग की ओर से इस धरती की ओर भ्रमण करने में स्वतंत्र रहती हैं। इनको अपने अगले पिछले परिवारों का पता रहता है। यह किसी भी समय में, किसी भी धरती के प्राणी पर रहने वालों का कुछ काल के लिए कल्याण कर सकती हैं तथा कल्याण करती रहती हैं। मनुष्य की सत्यात्मा होने के बाद परीक्षा उपरान्त का काल दूसरा जन्म समझा जाता है। अत्यन्त कठिन परीक्षाओं के बाद ही मनुष्य के पुण्य कर्म उभरते हैं।

दर्शन काल में मनुष्य की गति और आत्मा का रूप — आत्मा के सहारे मनुष्य स्वप्न में होता है। मन छानबीन में होता है। बुद्धि आत्मा की गति में थक जाती है। इस अवस्था में मनुष्य को अपनी तथा अपने आस–पास की कोई खबर नहीं होती। इस समय अपनी मृत्यु तक का अंदेशा हो जाता है। जितनी सत्यता होती है उतनी ही परीक्षा कठिन रहती है। परीक्षा करने से उसे बुद्धि अनुसार सत्य ज्ञान को प्रदान करने में सरलता रहती है। दर्शन काल में मनुष्य की सर्व शक्ति छीन ली जाती है। बाद में धीरे–धीरे मस्तिष्क की विचारधाराओं की गति से उसकी ओर पुन: प्रवाहित कर दिया जाता है। अत: मनुष्य धीरे–धीरे अपने आप को समझने लगता है। यह भी बता दिया जाता है कि यह तेरी परीक्षा का समय था अब तुझे प्रभु जी द्वारा अपनाया गया है। मनुष्य को पुन: पिछले समय की घटनाओं के प्रति बताया तथा दर्शाया जाता है। पुन: दर्शन दे कर मन का भय दूर किया जाता है। इस समय आत्मा अत्यन्त पवित्र तथा स्वतंत्र हो जाती है। मृत्यु उपरान्त अत्यन्त पवित्र तथा स्वतंत्र आत्मा भी मृत्यु काल के समय से हो जाती है। आत्मा की प्रकृति एक सी नहीं होती, अत: दर्शन प्राप्त कर्त्ता की परीक्षा भी एक ही नियम पर आधारित नहीं होती। आत्मा के लक्षण अनुसार ही उचित सत्य ज्ञान को समझने की क्षमता प्रदान की जाती है। साधारण तौर पर ज्ञान की महिमा को गाए जाने वाले भक्तों की वाणी बुद्धि और आत्मा की क्षमता की उड़ान अनुसार होती है। अत्यन्त विशालता में ज्ञान की सत्य कलियां अत्यन्त बुद्धिमत्ता का प्रतीक होती हैं।

एक ही रीति अनुसार ज्ञान भजनों द्वारा गाया जाना या संसारी मनुष्यों को सुनाना एक लहर में करने के लिए साधारण ज्ञान का भंडार होता है। इस स्थिति में मनुष्य को अच्छी तरह गुणों का बोध नहीं होता। सत्यता को जानने के बाद संसार के प्राणियों का भजनों में खो जाना उनके मन की पवित्रता को प्रकट करता है। पवित्रता द्वारा ही मनुष्य की आत्मा एक फूल की भान्ति सुगंध प्रसारित करने लग जाती है। प्रत्येक प्राणी की आत्मा अमर नहीं होती।

आत्मा अमर होती है यह सत्य है परन्तु आत्मा को सत्यता में परिवर्तित करना प्रयास की बात है। आत्मा अमर होती है यह मनुष्य की कल्पना है। आत्मा कर्म और सत्य से किसी दर्जे को पा सकती है। प्रत्येक आत्मा अमर नहीं होती। मनुष्य का नाम

और यश अमर रहता है। नाम अमर होना अमर आत्मा हो जाने के तुल्य नहीं होता। यह केवल संसार के मनुष्यों के मन का वहम है।

प्रत्येक आत्मा जन्म के चक्र में नहीं है। मृत्यु उपरान्त आत्मा सत्यता और कर्म के आधार पर अलग-अलग दर्जे को प्राप्त होती है।

आत्मा क्या है — संसार के लोगों को यह भी भली प्रकार मालूम हो जाना चाहिए कि शरीर में यह आत्मा है क्या। इसे काल्पनिक रूप में शरीर की भाँति ही समझ लेना चाहिए। आत्मा शरीर में शरीर की भाँति ही है, यही शरीर है यही हवा है। यह पानी में पानी की तरह, हवा में हवा की तरह और शरीर में शरीर की तरह है। शरीर के बाहर निकल जाने पर इस हवा में शरीर धारण कर लेने की क्षमता होती है। परन्तु इस में जीवित शरीर की सहायता से ही ऐसा होता है।

सत्य आत्मा, शुभ आत्मा, पवित्र आत्मा, अमर आत्मा, स्वतंत्र पवित्र आत्मा — सब अलग-अलग प्रकार की आत्माएँ अलग-अलग गुणों में होती हैं। कई स्थानों पर यह आत्माएँ रात के समय अपनी सुगंध फैलाती हैं। इस रहस्य को संसारी मनुष्य नहीं समझ पाए हैं। यह सुगन्ध दर्शन प्राप्त कर्त्ता की पुण्य आत्माओं की होती हैं।

भूत-प्रेतों की आत्माएँ भी अमर होती हैं। यह भी भ्रमण में रहती हैं। यह आत्माएँ पवित्र नहीं होती। दुष्कर्मों के परिणाम-स्वरूप मृत्यु उपरान्त की यह आत्माएँ, दुआत्माएँ समझी जाती हैं। जो मनुष्य या किसी भी जीव को देख कर शरीर धारण कर लेती हैं।

सत्य चलन से ही प्राणी आत्मा अमर आत्मा हो जाती है।

— इति

31. ज्ञान

शब्द ज्ञान में भाव परिपूर्ण विशालता के प्रकाश की लुप्त रूप में महिमा छुपी रहती है। ज्ञान की परिभाषा भू से नभ तक की छोटी-बड़ी जानकारी तथा ईश्वरीय दिव्य शक्ति के वृतान्त युक्त रहस्य की खोज का अनुपम मधुर सुखदायक किरणों का स्रोत है। यह अत्यन्त विशाल तथा अत्यन्त गहरा सागर है, जिसमें बुद्धि की अनन्य दृष्टि द्वारा भी कहीं किनारा दृष्टिकोण नहीं होता। यह अनगिनत लहरों का समूह है। इसमें मस्तिष्क की ज्वलित किरणें सूर्य की भाँति सारे संसार को देखने तथा भांपने की क्षमता होती है। इसमें सर्वप्रथम प्रयास बुद्धि बल द्वारा ही होता है। केवल ज्ञान कहने सुनने से नहीं होता। इसकी प्राप्ति में शुद्ध मति, शुद्ध तथा सत्य चलन और सत्य वाणी ही प्राणी को ज्ञान की ओर ले जाती है। जिससे उसे सत्य उत्तम विचारधारा होने से ईश्वरीय खोज की ओर या सत्यता के बोध की ओर हो कर मन्शा अनुसार भाव उत्पन्न होने लगते हैं, उसे ऐसा अनुभव होता है कि वह सीढ़ियों द्वारा ही जीवन की अत्यन्त उत्तम पगडंडी पर चलने लग पड़ा है, यह भाव केवल ज्ञान की बातों को पढ़ने से नहीं, आचरण करने से उत्पन्न होते हैं। जैसे कि पूजा-पाठ के समय में नियम अनुसार आचरण करने से मन में प्रेरणा जाग उठती है। आचरण करने के अतिरिक्त मन की विचारधारा के बल से सत्य कथित बातों को समझने से तथा खोज करने से सत्य के गुण उत्पन्न होते हैं। जब तक मन द्वारा बुद्धि को प्रयुक्त न किया जाए मन किसी भी सांचे में उतरने का आदी नहीं होता। मन की चाल को अनुभव सहित भांपना बुद्धिबल का प्रतीक तो होता ही है इससे मन की सत्यता की लगन का पता चलता है, जिस द्वारा अपने भविष्य काल का नक्शा भी उतर आता है। मन की उत्सुक्ता बढ़ जाने से आत्मा को सुदृढ़ता मिलती है, आत्मा के बल को कार्य रूप में समझा जाता है। आत्म ज्ञान हो जाने से पुण्य कर्म अनुभव होने आरंभ हो जाते हैं। पुण्य कर्म ही एकमात्र आधार है जो सत्य श्री सच्ची शक्ति जी की ओर खींच लिए जाता है। तीन लोक के मालिक

जी का न कोई नाम है, न रूप है, नाम भक्तों और ऋषियों द्वारा ही बोध के आधार पर दिए गए हैं। उनके रूप और रंग में मनुष्य से भिन्नता नहीं है। रूप न होने का उदाहरण यह है कि वह अपना रूप बना लेते हैं। उनके रूप को देख सकते हैं, लेकिन हाथों द्वारा अनुभव करने के लिए स्पर्श करने में हवा ही हवा लगती है। वे भी संसार में आकर भक्तों से बात करते हैं, अपने प्रति, संसार के प्रति तथा अपने भक्तों के प्रति अनेक बातें अपने भक्तों को बताते हैं। परन्तु सांसारिक लोग अपनी बुद्धि हीनता के कारण भक्तों तक को नहीं जान सकते। भक्तों द्वारा ही संसार का कल्याण होता है। परन्तु इस बात के प्रति दुनियां में आदि काल से ही चला आ रहा अंधेरा मिटा नहीं है। आदमी अपनी समझ को इतना ऊँचा समझता है जिसकी कोई सीमा तक नहीं। परन्तु अर्थ तक की एक छोटी सी बात को समझना उसके लिए अत्यन्त कठिन हो जाता है। संसार का कोई भी व्यक्ति अपने आप को पुण्य कर्मों वाले से कम नहीं समझता। किसी की आँख से सत्यता नहीं टपक पड़ती। कोई भी सत्यात्मा का मनुष्य नहीं है। सत्यात्मा होने के नियमों के प्रति सत्यता के गुणों को समझना किसी के बस का नहीं। केवल दिखावा है। और तो और भगवान जी की श्रद्धा भी दिखावे का एक नियम सा बन गया है। यह दुख की बात है कि दुनियां के लोग सत्य को सत्य और झूठ को झूठ नहीं समझने में असमर्थ हो चुके हैं। इसके प्रति ''कलयाणी की मुद्रिका मृत्यु लोक में'' लिखा जा चुका है।

ईश्वरीय शक्ति क्या है, भगवान क्या हैं, माया के मालिक क्या हैं, पालन हारा क्या हैं, उनकी क्या महिमा है। इन बातों को संसार के कुछ लोग वार्तालाप द्वारा तथा प्रचारक के रूप में बताते रहते हैं। परन्तु वे भी उन्हीं नियमों को व्यक्त कर पाते हैं जो ऋषियों द्वारा संदेश दिए गए हैं। इसमें भी अन्तर यह है कि ऋषि तक भी समझने में असमर्थ रह गए हैं। अत: संसार में सत्य ज्ञान की अब तक कमी है। अत: जन कल्याण के लिए ईश्वरीय ज्ञान की सत्ता को पूर्णतया इस पृथ्वी पर रहने वालों के लिए उतार लिया गया है। परन्तु अपनी बुद्धि से बढ़ कर ज्ञान को समझना भी तो पढ़ने वालों की प्रकृति पर ही निर्भर करता है। जप-तप, पूजा-पाठ, तपस्या कुल बुद्धि के लक्षण पर निर्भर करते हैं। ज्ञान बुद्धि बल की सीमा का प्रतीक होता है। यानी बुद्धि से बढ़ कर ज्ञान नहीं होता।

— इति

32. चमत्कार

संसार के मनुष्य केवल चमत्कारों में ही उलझे हुए हैं, बाकी तो उन्नति के विचार से मनुष्य शिखर पर आ चुके हैं। संसार के लोगों की नीति सत्य है, उनका विश्वास जटिल है, इसी कारण वे चमत्कार को चमत्कार के रूप में ही समझते हैं। इस अंधेरे को अभी मिटने का समय नहीं आया। मनुष्य में आत्मविश्वास से ही श्रद्धा के फूल खिलते हैं। भक्तों के दर्शन काल के परीक्षा सम्बंधी चमत्कारों के अतिरिक्त अन्य कोई चमत्कार नहीं होते। यह चमत्कार उनको दिव्य शक्ति प्राप्त होने के बाद होते हैं जिनमें से भक्तों को बड़ी कठिनाई से गुजरना पड़ता है क्योंकि इसमें सहन शीलता से भी बढ़ कर परीक्षा में डाल दिया जाता है, इस समय में भक्त भी इन चमत्कारों को समझने में रह जाते हैं। कुछ चमत्कार ऐसे होते हैं जो सदा से ही मदारी तमाशा दिखाते आए हैं, इनको सभी देख सकते हैं। परन्तु भक्तों के चमत्कार जो उन के लिए होते हैं, वही देखते हैं। यह चमत्कार अन्य लोगों को दिव्य शक्ति न होने के कारण दिखाई नहीं देते। अनगिनत ही ऐसे चमत्कार हैं जो वास्तव में नहीं के बराबर हैं लेकिन उन ही चमत्कारों को इतना महत्त्वशाली समझ लिया गया है कि यथार्थ ही में ऐसा हुआ है। जैसे सूर्य को निगल लिया गया, पाताल लोक में पानी के अन्दर-अन्दर हो कर पहुँच गया, सूर्य न निकल सका, पहाड़ को उठा लिया, श्री कृष्ण ने पाताल लोक में शेष नाग को मारा। अनेक ऐसी बातें प्रचलित हो गई हैं जो वास्तव में भक्तों को ही दिखाया गया है अन्य प्राणियों को नहीं। इतना अवश्य है कि कुछ चमत्कार आत्मबल पर निर्भर हुए हैं और वह स्वयं सत्य श्री सच्ची शक्ति जी के स्वामी द्वारा हुए हैं जिनके होने का भक्तों को आदेश दिया गया है। किसी भी काल में उड़न खटोला नहीं उड़ा है वे

केवल कल्पना है, हाँ स्वप्न में मनुष्य सत्य रूप में ही उड़ता रहा है। स्वप्न में उड़ना आत्मबल की बात है तथा आत्मा द्वारा मनुष्य को इशारा किया जाता है कि तेरे कुछ पुण्य कर्म उभरने वाले हैं।

बहुत से चमत्कार ऐसे होते हैं जो दर्शन प्राप्त कर्त्ता को समझाने के रूप में होते हैं जैसे अलादीन का चिराग। इसमें कहानी कुछ और है और यथार्थता कुछ और है। यह अलादीन के लिए ही था। यह तीन लोक के मालिक जी की कृपा का उपहार या माया के रूप में उसका कल्याण होना था। उसके सम्पर्क के लोग वास्तव में उसके साथ नहीं थे। परन्तु उसके मन अनुसार सब उसके साथ थे। वह एक की परीक्षा थी जो उसी की थी उसके लिए ही थी। इस काल को दर्शन काल की अवधि का काल कहते हैं। उसे साक्षात रूप में दर्शन प्राप्ति थी जिसे दर्शन प्राप्त कर्त्ता ही समझ सकता है।

भक्तों के साथ चमत्कार भक्तों की आत्मा के साथ प्रभु जी द्वारा किए गए चमत्कार होते हैं। संसार के सर्व साधारण मनुष्य हैं उनको जैसा ग्रंथों में मिला वैसा ही मान लिया, ग्रंथों में गलत नहीं लिखा गया है, न ग्रंथ उनके द्वारा लिखे गए हैं जिन्होंने ईश्वरीय सत्ता को छू लिया है। जिन्होंने ईश्वरीय कृपा प्राप्त की है वह अपने साथ घटी हुई कहानी को बयान करते रहे हैं। उनके द्वारा कही गई बातें अच्छी प्रकार समझी नहीं गई हैं। क्योंकि मनुष्य मात्र इस ओर की गाथा को पूर्णतया समझने में असमर्थ हल लिए रह जाते हैं क्योंकि उनके मस्तिष्क की क्रिया का वेग इस ओर कम होता है। मस्तिष्क पर कितना अधिक बल दिया जाए, कि वे भगवान कृत वस्तुओं को अच्छी प्रकार समझ सकें। मस्तिष्क पर भी तो बल देने की बात नहीं है; मस्तिष्क की विचारधारा का वेग ही इतना नहीं होता जो अनुभव कर सके तथा अनुभव में आई हुई बात लिखित रूप में या बयान के रूप में उस समय ही शोभा देती है तथा सत्य होती है जबकि वह भक्त या प्राणी उस स्थिति को अच्छी प्रकार जानता हो या उसमें से निकल चुका हो ताकि अनुभव की गई बात को सत्यता के साथ वर्णन कर सके।

चमत्कारों में प्रभु जी द्वारा मनुष्य की आत्मबल की शक्ति को पुष्टि दी जाती है तथा मन का उत्साह बढ़ाया जाता है ताकि जीवन भर भक्त किसी भी समय में किसी भी परिस्थिति में उलझा हुआ ही न रहे। इसी कारण सत्य आत्माओं द्वारा उसकी परीक्षा की जाती है। मनुष्य में नम्रता का होना अत्यन्त आवश्यक है ताकि ज्ञान के प्रति वस्तुओं

का ग्रहण कर सके। नम्रता में बड़ी महिमा है। इस संसार में किसी भी समय में स्वयं सृष्टि के रचना करने वाले जन्म के रूप में नहीं आ सकते और न कभी आए ही हैं। अपनी शक्ति द्वारा भक्तों को शक्ति प्रदान करते रहते हैं। लोग अब तक संसार में यही समझते हैं कि भगवान अवतार के रूप में आते हैं। ऐसी बात नहीं है। श्री कृष्ण को भी दर्शन प्राप्ति थी, सुदर्शन का अर्थ ही शुभ दर्शन प्राप्ति होता है। जिसमें स्वयं भगवान जी की शक्ति काम करती है। इसमें जादू कर देने वाली शक्ति होती है।

चमत्कारों के प्रति न दुनियां वाले समझे हैं न भक्तों ने समझाया है। क्योंकि इन बातों को मनुष्य अच्छी प्रकार नहीं समझ सकते इसलिए स्वयं मालिक जी का कथन है कि चमत्कारों के प्रति संसार के लोगों को ज्ञान न दिया जाए क्योंकि उनमें सत्यता नहीं है और न ही यह समझ पाएँगे। तमाम ऋषि-मुनियों से ऊपर के दर्जे को प्राप्त होने के नाते सारी दास्तां बयान कर रहा हूँ क्योंकि इन बातों को लिखना भी इतना सरल नहीं था कि प्रत्येक ही भक्त लिख सके। सबसे बड़ी कमजोरी यह रही है कि भक्त अपने आप को कुछ समझते थे। दूसरी कमजोरी यह थी कि वे नशे में रहते थे। नशा कोई किसी प्रकार का ऐब नहीं बल्कि प्रभु जी के नाम का ही नशा। अगर वे इस नशे को कुछ भी न समझते तो उनको कुछ शक्ति प्रदान हो जाती और वे किसी भी समय में अपनी मन की गाथा को ज्यादा न समझ बैठते। इन चमत्कारों के प्रति सत्य बात कही जाने पर इतना अवश्य अन्तर आ जाएगा कि कोई भी भक्त चमत्कारों के प्रति संसार के लोगों को बताएगा तो कुछ सोच-विचार कर बताएगा। और इसके बाद दुनियां में भक्तों के चमत्कार सत्य रूप में ही होंगें। इसमें भी बड़ा रहस्य छुपा हुआ है।

सत्य चमत्कार — भक्तों के चमत्कार अदृश्य रूप में उनकी आत्मा की धारणा अनुसार आत्मबोध से सम्बंधित परीक्षा काल के होते हैं। यह भक्त और ईश्वर की माया के बीच में ही सीमित रहते हैं। इस काल में भक्तों के सामने बेहद माया के दृश्य आते हैं जिनको वर्णन करना भक्तों के बस की भी बात नहीं होती।

— इति

33. अगला पिछला जन्म

संसारी जीवों में मनुष्य भी जीव ही है। जीव का सम्बंध जीवित दशा में होने का बोध है। जीव बिन शरीर नहीं और बिन बीज जीव नहीं। जीवन में आत्मा का होना जीव-आत्मा के बोध को जताता हुआ अनुभव है, जिसे जीव आत्मा के भाव द्वारा ही स्पर्श के से रूप में अनुभव किया जाता है। सत्य तत्त्वों को जानने का स्पर्श सत्यात्मा की विधि की निपुणता से स्पर्श किया जाता है या अनुभव किया जाता है। यह सब बातें समझने के लिए हैं तथा समझाने के रूप में ही लिखित क्रिया द्वारा मन तथा बुद्धि के पर्दे को स्पर्श के से रूप में दर्शा कर ही बुद्धि की पकड़ में रहस्य को जानने की क्रिया समझ आती है। यदि साधारण रूप में यह लिख दिया जाए कि ''प्रत्येक मनुष्य का अगला और पिछला जन्म होता है'' इससे शीघ्र ही मनुष्यों की समझ में बात आ जाएगी लेकिन कैसे क्या होता, क्या नहीं होता इस ज्ञान की कमी से मनुष्य अंधेरे ही में समझा जाएगा। जब तक अपने मन को अनुभव नहीं होता तो समझो कुछ भी नहीं होता। यह केवल तीक्ष्ण बुद्धि या साधारण बुद्धि की परख की बात है। जब हमारी समझ में कोई बात नहीं आती तो यह अर्थ नहीं कि कोई सत्य बात असत्य है। यदि कोई सत्यता भी है और मनुष्य की समझ उसे किसी और प्रकार से लेती है तो सत्य तक न पहुँचने वाली बात है। तो आइए सत्यता के प्रति कुछ जानकारी प्राप्त करवा दूँ।

अगले और पिछले जन्म के प्रति अमर आत्मा के तीसवें अध्याय में भी पर्याप्त मात्रा तक समझा जा सकता है।

जब किसी काल में तीन लोक के मालिक जी की कृपा के प्रकाश में सत्य और असत्य वस्तुओं को जानने की दिव्य शक्ति प्राप्त होती है, उस समय निर्मल प्रकाश की

तरह अंधेरी रात तारों की तरह जगमगा उठती है। इस समय कोई वस्तु अंधेरे में नहीं रह जाती केवल बुद्धि द्वारा समझ न आने वाला रहस्य बुद्धि की ज्वलित किरण में भी आ कर धुंधला ही रह जाता है। इस रहस्य को न श्री कृष्ण सुलझा सके, न ही देव ऋषि वेद व्यास समझा सके। केवल मन के वहम को दूर करने का संदेश दिया गया है, न वेदों में ऋषि जन अपनी कल्पनाओं द्वारा संसार के भोले-भाले मनुष्यों का ज्ञान की किरणों द्वारा कृतार्थ कर पाए हैं।

संसार में जितने भी मनुष्य जन्म द्वारा आए मृत्यु द्वारा लुप्त हो गए, कई प्रकार की धारणाओं के हुए हैं। वे कुछ शक्ति प्राप्त होने के बाद अपने आप को ही समझ पाए हैं, किसी ने भी इस संसार में आगे आने वालों के प्रति सोचा समझा तक नहीं। जितने भी इस संसार में आते हैं वे भगवान या भगवान का अवतार होते हैं या इस संसार में इस ओर के ज्ञान के रहस्य को समझने में भारी कमी है। कुछ संसार के लोग भी अंधेरे में रहने वाले ही होते हैं, दूसरों को भी अंधेरे में देखना पसन्द करते हैं या उन की विकसित बुद्धि को समझा नहीं जाता। मनुष्य में प्रतिष्ठा की भावना भी सत्यता को प्रतिबंधित करती है। इस संसार में कभी भी मनुष्य भगवान के रूप में नहीं आया। न ही जन्म ले कर भगवान आते हैं। वे वह शक्ति के मालिक हैं जो संसार में शक्तिओं को पुण्य के आधार पर परिवर्तित करते रहते हैं। वे कभी जन्म नहीं लेते, न जन्म ले सकते हैं। वे एक पवित्र वायु के भंडार हैं जो कई रूपों में दृश्य और अदृश्य रूपों में अपना रूप बना लेते हैं परन्तु रूप का पिंड नहीं होता। उनके रूप का भार नहीं होता वह रूप एक उड़ता हुआ सा रूप होता है, एक ही रूप अनगिनत रूपों में हो जाता है जिससे भक्तों को दर्शन काल में भय भी हो जाता है। संसार के अधिकांश लोगों को इतना अवश्य पता है कि भगवान जन्म नहीं लेते। किसी भी काल में अपने भक्तों द्वारा जग में ज्ञान की रोशनी फैलाते रहते हैं, उनको इसी में आनन्द रहता है जो उनके ज्ञान की लौ में चलते हैं, उनको भगवान अपनी लौ की शक्ति से अपनी ओर आकर्षित कर लेते हैं। भगवान सर्वव्यापी हैं और सर्वव्यापकता द्वारा अनेक आत्माओं को भ्रमण में रखते हैं। यह आत्माएँ कई प्रकार की होती हैं स्वतंत्र आत्माएँ अपनी इच्छा पर छोड़ दी जाती हैं। केवल इन्हीं आत्माओं को जन्म लेने का अधिकार होता है। यह आत्माएँ अपनी इच्छा अनुसार जन्म लेती हैं। पुण्य कर्म पर निर्भर रहने से आत्मा स्वतंत्र बन पाती है।

मनुष्य जिस बात को समझ नहीं सकता उसे छोड़ देना चाहिए, केवल ज्ञान के ऊपर निर्भर रह कर अपना उद्धार करना चाहिए। अपना उद्धार अपने बस में होता है। जब अपने पिछले जन्म का पता नहीं तो अगले जन्म का क्या होगा? अगले पिछले जन्म की आशा को भूल जाना ही उचित है। वर्तमान जन्म को ही अपना शुभ जन्म समझना चाहिए। प्रत्येक जीव के जन्म को उसका अपना शुभ जन्म और सत्य जन्म समझना चाहिए। शरीर से बढ़ कर संसार की अन्य बहुमूल्य वस्तुएँ कुछ भी नहीं हैं। स्वर्ग की देन यही जीवन है। अत: किसी भी जीव को सताना या मारना पाप है। प्रत्येक मनुष्य को बुरे काम और बुरी भावनाएँ छोड़ देनी चाहिए। इस धरती पर चंद दिनों का बसेरा शुभ कार्यों तथा सद् बुद्धिमता द्वारा काटना चाहिए। संसार में कोई किसी का दुश्मन नहीं। अपनी-अपनी समझ अनुसार अन्य प्राणियों की ओर ध्यान पूर्वक विचार करने से मन की मलिनता जाती रहती है। प्रेम भावना सद्भावना के रूप में होने से जग का कल्याण होता है। मन द्वारा उद्धार करने से उद्धार होता है। अपने मन की शान्ति भी औरों के लिए लाभदायक सिद्ध होती है। क्रोध की अग्नि को और नहीं बढ़ने देना चाहिए। क्योंकि संसार में सब एक दूसरे के सहारे हैं, यह मन की क्रिया है। यानी अपने ही मन की दशा अनुसार जग के लोगों की भी भलाई की जा सकती है। सब एक ही परम पिता के बच्चे हैं आपस में कोई भेदभाव नहीं रहना चाहिए। धरती को अपनी मां से बढ़ कर समझना चाहिए जिससे प्रत्येक वस्तु प्राप्त होती और दिन कटते हैं। प्रभु जी की देन धरती की प्रकृति और नील मण्डल से प्राप्त हुई धरती को कृतार्थ की महिमा से हमें प्राप्त होती है।

सत्य रहस्य जनक बात यह है कि कण-कण में अनेक प्रकार की आत्माएँ प्रतिक्षण भ्रमण में रहती है। इन आत्माओं की पहचान मनुष्य मात्र को बिना सुदर्शन चक्र के प्राप्त नहीं होती। इसमें अत्यन्त बुद्धिमता द्वारा लगन के प्रयास की आवश्यकता है। मनुष्य में गंभीरता, निडरता, वीरता, उद्यमता तथा पल-पल की परख करने की बुद्धिमता की क्षमता का होना आवश्यक है। मनुष्य की परख करने की बुद्धि जादूगर से कम नहीं होनी चाहिए। यह आत्माएँ जो वायु में भ्रमण करती हैं किसी को दिखाई तो नहीं देतीं परन्तु मनुष्यों की पल-पल की चित्त वृति को भी बदल देती हैं। इसीलिए अपनी बुद्धि अत्यधिक विस्तीर्णता में होनी चाहिए जो समय अनुसार बुद्धिमत्ता द्वारा

परख के कार्यों में सहायता का रूप बन सके। यह आत्माएँ वायु द्वारा ही गर्भिनी के गर्भ में गर्भधारण हो जाती हैं। तीन मास की गर्भ अवस्था उपरान्त गर्भ में जीवात्मा के रूप में जा कर बस जाती हैं तथा गर्भिनी के शरीर में अपने पिछले जन्म के हाव भाव उसी की क्रिया में उत्पन्न कर देती हैं तथा गर्भवती को आनन्दित दशा में कर देती हैं। यह आत्माएँ गर्भवती के आनन्द में सम्मिलित हो जाती हैं। गर्भवती की आँखों द्वारा ही संसार को देखती हैं। यह आत्मा ही शरीर के अन्दर शरीर में होती है। गर्भवती की परिस्थितियों को समझती हैं। यह आत्माएँ गर्भवती की मन की अभिलाषा को अपनी अभिलाषा में परिवर्तित कर लेती हैं। जन्म लेने के एक साल से पहले के समय तक आत्मा को अपनी आत्मा के रूप में होने का पता रहता है। इसके पश्चात उसे आत्मा के रूप में होने का पता नहीं रहता।

जीवित शरीर में आत्मा की परख — आत्मा किसी भी समय निद्रित अवस्था में नहीं होती – मनुष्य सो जाता है उसकी आत्मा को आराम मिलता है। आत्मा स्वप्न में हो जाती है। आत्मा के अपने ही रूप होते हैं। यह कभी नर के रूप में, कभी नारी के रूप में, कभी प्रकृति के रूप और जीवों के रूप में अपने आप ही हो जाती है। यही देखती और यही दर्शाती है। इसमें विशेषता यह होती है कि मनुष्य जिस आदत का होता है, उसे उसी प्रकार के स्वप्न आते हैं। जिस मनुष्य की आत्मा स्वप्न में कुछ अच्छे तथा शुभ पुण्य के कार्य करती है, उसे अवश्य समझ लेना चाहिए कि उसकी आत्मा स्वतंत्र हो चुकी है और वह अवश्य पुन: जन्म लेने का अधिकारी हो चुका है। सारांश में मनुष्य को अपना प्रथम जन्म ही समझना उचित है।

— इति

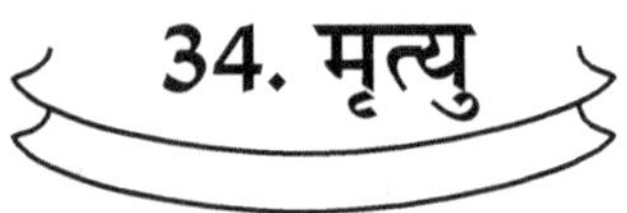

34. मृत्यु

शरीर में दुख व कष्ट से देह-त्याग देने के बाद निवृत्ति ही समझना चाहिए। इस समय आत्मा बंधन से बाहर हो जाती है। जैसे कोई अपने घर को छोड़ कर चल देता है उसी प्रकार आत्मा शरीर को त्याग कर चल देती है। शरीर त्यागने के बाद आत्मा फिर भी उसी शरीर जैसे शरीर में होती है। यह आत्मा का एक प्रकार का स्वप्न सा स्वप्न होता है जिसमें आत्मा बड़ी दुखी हो जाती है। उसे अपना शरीर नहीं मिलता। कुछ काल के बाद यह वायु रूप आत्मा स्वतंत्रता को प्राप्त हो जाती है। आत्मा पिछले कर्मों को अपने अगले जन्म में प्राप्त करती है।

— इति

35. मोक्ष

जीवन से निवृत्ति के अन्तकाल में मनुष्यों को कई घोर परिस्थितियों से गुजरना पड़ता है। मनुष्य के पुण्यकर्मों के प्राप्त होने का यही समय होता है जिस कारण मृत्यु के समय में भय नहीं रहता तथा सहज ही में मनुष्य अपने जीवन को त्याग देता है। शुभ तथा पुण्य कर्म रहने से सद्गति प्राप्त होती है। मरती बार इतना कष्ट नहीं उठाना पड़ता, वरना मृत्यु से बढ़ कर अन्य घोर दण्ड भी नहीं होता।

जीवित अवस्था में अच्छे-बुरे कई कार्य स्वयं परिस्थितियों में परिवर्तित हो कर दुख व सुख का कारण बन जाते हैं, मनुष्य केवल अनुभव करता है इसकी चेतना में ध्यान नहीं देता ताकि उस समय की परख की छाप को जिससे मन में शान्ति या अशान्ति के तत्त्व उत्पन्न होते हैं, ग्रहण करने उपरान्त निरीक्षण कर सके, यह समय प्रसन्नता या दुख में व्यतीत हो जाता है। इसका अनुभव केवल सुख-शान्ति या दुख के भाव में अच्छा-बुरा समझा जाता है, शेष ध्यान देना कठिन सा रहता है, जीवन की दूरी की दौड़ के पथ में नियमबद्ध हो के चलना जीवन काल की घटनाओं को स्मरण अवस्था में अन्त तक स्मरणीय रखने के अच्छे कार्यों का सोचना या करना उचित रहता है, ऐसे कार्य मन की शान्ति को बढ़ाने और सुखी जीवन की देन होते हैं। किसी कार्य को शुभ कार्य का नाम दे देने से भी मन में शान्ति आ जाती है। शुभ कार्य की देन मन के भाव द्वारा कई प्रकार से उभरती रहती है और कई प्रकार से मन के भाव पर ही निर्भर रह कर पुण्य के तत्त्व को खो देती है। इसी तरह कई पुण्य और पाप भी बनते बिगड़ते रहते हैं, यह सब मन द्वारा उभरते और मन द्वारा नष्ट होते हैं। बुद्धि की चेतन शक्ति बुद्धि पर निर्भर या प्रयास पर निर्भर रहती है, इसी तरह चेतन शक्ति आत्मा पर

निर्भर रहती है, भूली हुई या लुप्त हुई बात या वस्तु आत्मा पर निर्भर है, आत्मा द्वारा ही स्मरण शक्ति को शक्ति प्रदान होती है, आत्मा बुद्धि को उत्तेजित करती है और कई बार तथा बहुधा बुद्धि ही केवल आत्मा को अपनी ओर बुद्धि पर बल दे कर खींचती है। आत्मा में संशोधन के तत्त्व होते हैं, और बुद्धि द्वारा विकसित होते हैं। आत्मा एक प्रकार की दूध के ऊपर आई मलाई होती है और बुद्धि उबाल तथा आग की उत्तेजना का काम करती है। बुद्धि बल द्वारा ही मलाई मक्खन बन जाती है, बुद्धि के भाव पर ही आत्मा सन्तुष्ट रहती है तथा नए-नए रंग-बिरंगे तत्त्व बुद्धि में उत्पन्न करती है जिससे सारे शरीर को सन्तुष्ट अवस्था में रहने का अवकाश प्राप्त होता है। आत्मा सन्तुष्ट रहने से पुण्य के कार्य होते हैं, यही पुण्य के कार्य मृत्यु से पहले शरीर को सुख शान्ति देते हैं और मनुष्य के अपने समझने की परिस्थिति अनुसार उसे मोक्ष प्राप्ति होती है, परन्तु सत्य मोक्ष प्राप्ति शरीर को त्याग देने के बाद आत्मा के कारण प्राप्त होती है, जीवन भर के पुण्यों से आत्मा सन्तुष्ट रह कर सन्तुष्ट अवस्था में ही सच्ची शक्ति जी के चरणों में पहुँचती है, यही मोक्ष प्राप्ति होती है। मोक्ष प्राप्ति हर आत्मा को प्राप्त नहीं होती। मोक्ष प्राप्ति का कोई उपाय नहीं होता, अपने आप जो कार्य हो जाते हैं, या अपने आप उचित कार्यों की ओर ध्यान जाता रहे या देखा-देखी पुण्य के कार्य आरंभ कर दिए जाए। किसी कार्य को करने के बाद उसका परिणाम प्राप्त करने की चेष्टा में पुण्य के कर्म होते हैं, कार्य क्या है, कैसे करना है, या पुण्य प्राप्ति कैसे होती है यह सब मन की विचारधारा पर निर्भर है, विचारधारा की कई परिस्थितियों पर निर्भर होते हुए पुण्य के कार्य होते हैं। सब से बड़ा पुण्य आत्मा द्वारा आत्मा को सन्तुष्ट करना है। अच्छे कार्यों से मनुष्यों की आत्माओं में शान्ति देना अपनी आत्मा को शान्ति प्राप्त करने के तुल्य है।

— इति

प्रभाकर प्रकाशन में प्रकाशित पुस्तकें